Die Antarktis-Diät

Dudo Erny

Die Antarktis-Diät

Eine andere Methode der Gewichtsreduktion

Bibliografische Information der Deutschen Nationalbibliothek:
Die Deutsche Nationalbibliothek verzeichnet diese Publikation
in der Deutschen Nationalbibliografie; detaillierte bibliografische
Daten sind im Internet über http://dnb.dnb.de abrufbar.

© 2014 Dudo Erny
Satz, Umschlaggestaltung, Herstellung und Verlag:
BoD – Books on Demand

ISBN: 978-3-7322-6855-9

Inhalt

Vorwort	7
Die Antarktis	9
James Cook	12
Roald Amundsen	14
Robert Scott	18
Reinhold Messner, Arved Fuchs	24
Evelyne Binsack	26
Die Grönlandexpedition	29
James Cracknell, Ben Fogle	32
Cecilie Skog	34
Parker Liautaud	35
Das antarktische Hochplateau	37
Die Körpertemperatur	40
Die Ernährung	49
Das Übergewicht	57
Die Gewichtsreduktion durch Kälte und Höhe	67

Die Gewichtsreduktion durch Ernährungsumstellung 76

Der Wille 89

Schlusswort 94

Vorwort

Als ich 26 Jahre alt war, musste ich in den Militärdienst einrücken – da hat die Waage 65 kg angezeigt und das bei einer Körpergröße von 187 cm. Die Körperlänge ist geblieben, aber im Laufe der Jahre kamen etliche Kilos dazu. Als ich nach zwei Knieoperationen meine Tennisschläger verschenkt und somit weniger Sport getrieben habe, nahm mein Gewicht auf für mich ungewohnte 91 kg zu. Da es so nicht weitergehen konnte, habe ich den Vorsatz gefasst, abzunehmen und so begann ich Diätbücher zu lesen und die haben mich nur verwirrt. In einem Buch wurde die heilsame Wirkung des Fastens gelobt und im anderen wurde vor dem Fasten gewarnt. Mal war das Fett der Übeltäter, dann wieder die Kohlenhydrate. In einem Buch wurden diverse Lebensmittel verboten und im anderen wurde davor gewarnt, auf Lieblingsspeisen zu verzichten. Zudem sind viele Ratgeber zum Abnehmen eigentlich nur Kochbücher und ich bin kein Koch und habe weder Freude am Kochen und noch weniger am Abwaschen. Da mich keines der Diätbücher überzeugt hat, habe ich beschlossen, meinen eigenen Ratgeber zu schreiben und den halten Sie jetzt in den Händen.

Im ersten Teil des Buches schreibe ich über die Antarktis und einige Expeditionen, die dort stattgefunden haben. Im zweiten Teil können Sie etwas über die Ernährung und die Gewichtsreduktion lesen.

Im Buch werden diverse Methoden zur Gewichtsreduktion besprochen. Es liegt in Ihrem Ermessen, diese für den Eigengebrauch anzuwenden. Eine Haftung des Autors für Personen-, Sach- und Vermögensschäden ist ausgeschlossen.

Die Antarktis

Die Erde rotiert um ihre Achse. Die Durchstoßpunkte dieser Rotationsachse sind der Nord- und der Südpol. Die Region um den Nordpol nennt man Arktis, diejenige um den Südpol Antarktis. (Fachleute nennen die ganze Region im Süden *Antarktis* und den eigentlichen Kontinent *Antarktika*, aber für den Laien ist das alles zu kompliziert, darum verwende ich im Buch immer den Begriff Antarktis.) Viele Menschen haben Mühe, die Arktis von der Antarktis zu unterscheiden. Die Arktis ist gefrorenes Meerwasser, das von Kontinenten umgeben ist. Das Meer ist in der Gegend des Nordpols etwa 4 km tief. Das bekannteste Tier der Arktis ist der Eisbär. Die Antarktis liegt am anderen Ende der Erdachse im Süden und ist ein etwa 13 Millionen km^2 großer Kontinent, der von Packeis und Meer umgeben ist. Das Packeis umfasst im Sommerhalbjahr etwa 2,5 Millionen km^2, im Südwinter wächst es auf 22 Millionen km^2. Die Antarktis ist von verschiedenen Eisschelfen umgeben, das größte ist das Ross-Eisschelf mit etwa 530.000 km^2. Die Antarktis ist der kälteste, trockenste, stürmischste, unzugänglichste und lebensfeindlichste aller Kontinente. Das Innere der Antarktis ist weit von den Ozeanen entfernt und deshalb sehr trocken. Es enthält weniger als 100 mm Jahresniederschlag. In der Polarnacht werden Temperaturen um −50 °C gemessen.

Das bekannteste Tier der Antarktis ist der Pinguin. Der Kaiserpinguin sucht Brutplätze auf dem antarktischen Kontinent oder Eis, die ziemlich weit weg von der Küste sind. Die Packeisgrenze verschiebt sich mit den Jahreszeiten und so müssen die Pinguine manchmal 80 km watscheln, bis sie das

Meer erreichen. Nach der Eiablage übernehmen die Männchen das Ausbrüten des Eis. Die Temperaturen fallen bis auf −50 °C und häufig herrschen stürmische Winde. Das ist die Zeit, wo sich die Tiere zu einer engen Herde formieren, um möglichst wenig Wärme zu verlieren. Die Männchen verbrauchen pro Tag 160 g Fett. In dieser Zeit wandern die Weibchen zum Meer, fressen sich den Bauch voll, füllen die Körperfettreserven auf und nehmen Nahrung für den Nachwuchs im Magen mit. Ende August kehren sie zurück und übernehmen die frisch geschlüpften Jungen. Jetzt sind es die abgemagerten Männchen, die sich an die Packeisgrenze begeben, um nach Nahrung zu suchen. Nach vier Wochen kehren sie zurück, um die Jungen zu füttern. Diese verlieren im Dezember ihr Daunenkleid und begeben sich ebenfalls ins Meer, wo die Futterplätze liegen. Wir sehen am Beispiel des Kaiserpinguins, dass ihre Art, Nachwuchs aufzuziehen, ohne Körperfett gar nicht funktionieren würde. Diese ständige Gewichtszunahme im Meer und Hungerkur auf dem Eis gehört bei Pinguinen zum Leben. Beim Menschen nennt man das den Jo-Jo-Effekt. Das ständige Gewichtverlieren und Zunehmen ist beim Menschen nicht empfohlen, beim Kaiserpinguin ermöglicht es das Überleben der Art, denn nur so können sie für Nachwuchs sorgen.

Die Weddellrobbe ist ein Warmblüter wie der Mensch und lebt trotzdem vorwiegend auf dem Eis und im kalten Ozean in der Küstenregion der Antarktis. Sie kann nur dank der dicken Unterhautfettschicht in dieser ständigen Kälte überleben, denn Fett ist ein guter Wärmedämmer. Das Fett ist zudem ein wichtiger Energielieferant der weiblichen Weddellrobbe für die Milchproduktion. Die Milch, mit der die Jungen aufgezogen werden, ist dick wie Mayonnaise und hat einen Fettgehalt von 35 %. Ich sehe schon Ernährungsberater auf dem Weg in die Antarktis, die den Weddellrobben die böse fettreiche Milch ausreden und ihnen stattdessen die Magermilch aufzwingen wollen.

James Cook

Seit der Antike dachte man, dass es auf der südlichen Halbkugel einen riesigen Kontinent (Terra Australis Incognita) geben müsse – als Gegengewicht zu den Landmassen des Nordens. England hatte Interesse daran, neue Territorien zu erschließen und so wurde James Cook beauftragt, diesen unbekannten Kontinent zu finden. Auf seiner zweiten großen Reise (13. Juli 1772 bis 30. Juni 1775) hat Cook den sagenumwobenen Kontinent im Süden gesucht und am 30. Januar 1774 sogar den 71. Breitengrad erreicht. Eisberge und Packeis zwangen ihn zur Umkehr und so hat er die Antarktis nie zu Gesicht bekommen. Man kann verstehen, dass die Antarktis im Gegensatz zu den nördlichen Regionen keine einheimische Bevölkerung hat.

Die größte Gefahr für Seefahrer war neben dem Schiffsuntergang der Skorbut, eine Krankheit, die durch das Fehlen von Vitamin C verursacht wird. Da sich die Matrosen auf hoher See von haltbaren Nahrungsmitteln wie Zwieback ernährten, kam es zum Vitaminmangel. Nach einigen Monaten auf See ohne frische Nahrungsmittel zeigten sich Symptome wie Zahnfleischbluten und schlechte Wundheilung. Die Krankheit endete oft tödlich. James Cook hat Sauerkraut und Fässer mit eingekochter Bierwürze gegen Skorbut auf seine Expeditionsreisen mitgenommen. Wenn die Schiffe während mehrjährigen Reisen wieder Land erreichten, wurden Früchte und Gemüse gebunkert und Cook ließ Zitronensaft verabreichen.

Wenn heute in einer Zeitschrift wieder eine neue Zauberdiät vorgestellt wird, bei der man sich vorwiegend von einem einzigen Nahrungsmittel ernähren sollte, dann könnte das nach einigen Monaten nicht nur zu Gewichtsverlust, sondern auch zu Mangelerscheinungen führen. Eine ausgewogene Ernährung kann überlebenswichtig sein.

Roald Amundsen

Roald Amundsen war ein norwegischer Entdecker und Expeditionsleiter. Berühmt wurde er durch das Durchfahren der Nordwestpassage von Grönland nach Alaska. Bei den kanadischen Inuit hat er den Gebrauch von Schlittenhunden gelernt. Von der einheimischen Bevölkerung des Nordens hat er die Art der Kleidung für die Polarreisen übernommen – Rentier- und Seehundfelle isolieren am besten gegen Kälte.

Amundsen wollte eigentlich zum Nordpol fahren, aber zwei amerikanische Forscher gaben an, bereits dort gewesen zu sein. Darum änderte er sein Ziel und statt zum Nord- ging die Reise zum Südpol. Auf dem Schiff Fram nahm er mehr als 100 grönländische Schlittenhunde mit. Die Expedition umfasste insgesamt 18 Teilnehmer. Am 9. August 1910 verließ die Fram die norwegische Hafenstadt Kristiansand. Alle glaubten, dass es zum Nordpol geht. Erst auf Madeira wurde die Mannschaft über das neue Ziel informiert.

Am 14. Januar 1911 ging die Fram am Rand der Antarktis in der Bucht der Wale vor Anker. Die Bucht befindet sich im Ross-Eisschelf, das vom Ozean aus wie eine etwa 60 m hohe Barriere aussieht. Diese im Meer schwimmende Eisplatte ist größer als Frankreich und wird von Gletschern des Inlandeises gebildet, die vom antarktischen Hochplateau gegen das Meer fließen. Die Bucht der Wale entsteht in dieser Eisplatte, weil eine Insel das Fließen der Eismassen verzögert und darum ist hier die Barriere so niedrig, dass Schiffe anlegen können.

Die Bucht der Wale ist der nächstgelegene Punkt zum Südpol. Hier wurde von den Norwegern in den ersten Wochen das Basislager Framheim errichtet. Auf dem 80., 81. und 82. Breitengrad wurden in mehrwöchigen Reisen Vorratsdepots für die Expedition im nächsten Sommer angelegt und gut markiert. Diese Depots waren nötig, da die Menschen und Hunde eine große Menge Nahrung brauchten. Man musste ja nicht nur zum Südpol kommen, man brauchte auch auf dem Rückweg Esswaren und Brennstoff, um Schnee zu schmelzen. Ohne die Depots wären die Schlitten so schwer gewesen, dass man sie gar nicht hätte ziehen können.

Nach dem Anlegen der Depots kam der Polarwinter mit der Polarnacht, die auf der geografischen Breite von Framheim vier Monate dauerte. Diese Zeit in der Finsternis wurde mit der Planung und Organisation der Reise und der Verbesserung der Ausrüstung verbracht. Die Männer und die Hunde ernährten sich unter anderem von Seehunden und Pinguinen. Das Frischfleisch bewahrte sie vor Skorbut. Am 20. Oktober 1911 brach Amundsen mit vier Begleitern, vier Schlitten und mehr als 50 Hunden zum Südpol auf. Während der Schlittenfahrt ernährten sich die Männer von Pemmikan, Biskuit, Milchpulver und Schokolade. Pemmikan ist eine Nahrung, die schon die Indianer Nordamerikas kannten. In seiner Grundform besteht es aus Trockenfleisch und Fett. Es kann mit Dörrfrüchten und anderen energiehaltigen Lebensmitteln angereichert werden. Pemmikan hat sehr viele Kalorien pro Gewichtseinheit, was für eine Expedition im Eis sehr wichtig ist. Unterwegs zum Südpol gibt es keine Wiesen und Wälder, sondern nur Eis und Schnee. Flüsse und Seen gibt es auch nicht, alles ist gefroren und so musste man Brennstoff mitnehmen, um Schnee zu schmelzen, damit man kochen kann und Trinkwasser hat.

Nach 28 Tagen und einem 700 km langen Marsch auf dem

Eisschelf, das sich auf Meeresniveau befindet, erreichten die Norweger den Gletscher, der auf das antarktische Hochplateau führt. Da noch nie ein Mensch diesen Gletscher gesehen hat, war er natürlich noch namenlos. Amundsen gab ihm den Namen seines Gönners, Axel Heiberg. Über den nun namentragenden Axel-Heiberg-Gletscher ging es an gefährlichen Gletscherspalten vorbei aufs Hochplateau, das sie nach vier Tagen erreichten. Die Norweger maßen die Höhe über Meer mit 3.180 m. Hier oben herrscht ein kälteres Klima als auf Meeresniveau und die Luft ist viel dünner. Da man die Höhe überwunden hatte, wurden nicht mehr so viele Hunde benötigt und so wurden 24 von ihnen erschossen. Ein Teil des Fleisches wurde an die überlebenden Hunde verfüttert, den anderen aßen die Männer. Heute würde man schwer Sponsoren für eine Expedition finden, die ihre Hunde erschießt, um das Ziel zu erreichen. Am 14. Dezember 1911 haben Roald Amundsen, Olav Bjaaland, Helmer Hanssen, Sverre Hassel und Oscar Wisting den Südpol erreicht. Über das genaue Datum herrscht etwas Unklarheit, da am Südpol alle Zeitzonen zusammenfallen. Sie können hier an einem Tag 24 Mal Neujahr feiern. Mit einem Schritt sind Sie wieder in einer anderen Zeitzone und können das Champagnerglas erheben. Amundsen blieb vier Tage am Südpol und schickte seine Männer in verschiedene Richtungen, um astronomische Vermessungen zur genauen Positionsbestimmung vorzunehmen.

Amundsen hat am Südpol ein kleines Zelt, das für den Notfall gedacht war, zurückgelassen. Darin hinterließ er zwei Briefe – einen an den Mitbewerber Robert Scott und den anderen an König von Norwegen, Haakon VII. Das Zelt von Amundsen dürfte sich in einer Tiefe von 10 bis 30 m befinden (die Autoren verschiedener Bücher sind sich da nicht einig) und wandert mit dem Gletscher in Richtung Ozean. Nach einer Reise von 99 Tagen und etwa 2.600 km kehrte Amundsen am 26. Januar 1912 zur Basisstation mit seinen Männern und einem kleinen Teil der Hunde zurück. Am 30. Januar verließen die Norweger ihre Station Framheim und am 7. März erreichte die Fram Tasmanien, eine Insel vor Australien. Amundsen sandte ein Telegramm an seinen Bruder, an den norwegischen Forscher Nansen und an König Haakon VII. Das Expeditionsschiff kann man heute im Fram-Museum in Oslo, der Hauptstadt Norwegens, besichtigen.

Robert Scott

Robert Falcon Scott war ein britischer Marineoffizier und ein Polarforscher eher durch Zufall und Beziehungen als durch Begeisterung für die kalten Regionen wie der Norweger Amundsen. Auch er wollte als Erster auf dem Südpol stehen. Im Januar 1911 bezogen er und seine Mannschaft das Winterquartier in der McMurdo-Bucht, am anderen Ende des Ross-Eisschelfs, wo schon Amundsen angelegt hatte. Er wollte den ersten Teil der Reise mit Schlittenhunden, Ponys und Motorschlitten bewältigen und den Rest mit Menschenkraft, wobei die Expeditionsteilnehmer die Schlitten selber ziehen sollten. Amundsens Weg zum Südpol war kürzer, aber unerforscht. Scotts Route zum Pol und zurück war fast 2.900 km lang.

Wie Amundsen musste auch Scott Depots mit Nahrungsmitteln und Brennmaterial für den nächsten Sommer anlegen. Hunde konnte man in Küstennähe problemlos mit Seehundfleisch ernähren, für die Ponys musste aber Heu mitgenommen werden, da man saftige, grüne Weiden in der Antarktis nicht vorfindet. Das südlichste Depot wurde auf 79° 28' südlicher Breite errichtet. Es wurde das Ein-Tonnen-Depot genannt, weil es etwa diese Menge Vorräte enthielt. Amundsens südliches Depot lag mehr als 200 km näher beim Pol.

Am 1. November 1911 begann Scotts in mehrere Abteilungen gestaffelter Marsch zum Südpol. Die Teams starteten nacheinander, da sie verschieden schnell waren. Es war ein logistisches Chaos mit 33 Männern, Schlittenhunden, Ponys und Motorschlitten. Die Motorschlitten versagten nach wenigen Tagen den Dienst und die Mannschaften mussten die Schlitten selber ziehen. Die Ponys erwiesen sich bald als ungeeignet für die Antarktis. Sie versanken im Schnee, brauchten viel Futter, und waren kälteempfindlicher als die Hunde. Ein schwer arbeitendes Pony schwitzt auch in der Kälte und dieser Schweiß kann bei sehr tiefen Temperaturen gefrieren. Ein Hund schwitzt nicht über die Haut und sein Fell bleibt darum trocken und ist damit auch bei großer Kälte ein guter Isolator. Mit der Wärme hat der Hund dafür ein Problem, da er nur über die Zunge schwitzt. Amundsen wäre es nie in den Sinn gekommen, Pferde in die Antarktis mitzunehmen. Er war in Norwegen aufgewachsen, wo die Winter viel härter sind als in England, wo Scott die Jugend verbracht hat.

Nach 40 Tagen auf dem flachen Ross-Eisschelf wurde der Beardmore-Gletscher erreicht. Die Männer mit den Hundeschlitten kehrten um, die verbliebenen Ponys wurden erschossen und von jetzt an zogen Scott und seine Männer die Schlitten selbst. Die nächsten 200 km zogen sie die Schlitten vom Meeresniveau über den Gletscher auf das antarktische Hochplateau in einer Höhe von 3.000 m. Auf dieser Höhe ist die Luft kälter und dünner als auf dem Ross-Eisschelf und darum verbraucht der Mensch mehr Kalorien. Scott hat folgende Rationen pro Teilnehmer für das Hochplateau berechnet: 455 g Zwieback, 340 g Pemmikan, 85 g Zucker, 57 g Butter, 24 g Kakao und 20 g Tee. Pro Mann (Frauen waren keine dabei) und Tag war das fast 1 kg Nahrung, das man mitschleppen musste. Diese Menge entsprach etwa 4.500 kcal pro Tag, was bei dieser Schinderei in der Kälte eindeutig zu wenig war.

Ursprünglich war geplant, dass eine Gruppe von insgesamt vier Männern zum Pol geht und die anderen vorher umkehren. Scott hat aber am 4. Januar nicht drei, sondern vier Männer ausgewählt, die ihn zum Pol begleiten sollten, und so waren sie nun zu fünft. Dies ist ein Zeichen der mangelnden Planung, denn nun mussten die Rationen neu verteilt werden und es kamen noch andere Probleme hinzu. Das Zelt war für fünf Männer zu klein. Es dauerte auch viel länger und brauchte mehr Brennstoff, um Schnee für fünf Teilnehmer zu schmelzen. Auf dem Hochplateau kann man kein Brennholz einsammeln, hier gibt es nur Schnee und Eis. Am 17. Januar 2012 haben Scott und seine Männer den Südpol erreicht, mehr als einen Monat später als Amundsen. Sie fanden das Zelt von Amundsen und darin den Brief an König Haakon VII. von Norwegen, den sie natürlich mitnahmen. Es gibt Aufnahmen von Scott und seinen Männern vor dem Zelt der Norweger und in den Gesichtern kann man alles andere sehen als Begeisterung.

Auf dem Rückweg wurden die Rationen verringert, und der Treibstoff wurde knapp. Man konnte das Zelt nicht richtig aufheizen, was Körperwärme und demnach zusätzliche Kalorien verbraucht hat. Die Männer waren immer mehr entkräftet und man erreichte mit Mühe die nächsten Depots, wo man feststellen musste, dass viel Treibstoff verdunstet war. Amundsen kannte das Problem von seinen früheren Expeditionen und er hat darum die Behälter zugelötet, damit ihm das nicht passiert.

Wegen der einseitigen Ernährung zeigten sich erste Anzeichen von Skorbut. In seinem Tagebuch klagt Scott darüber, dass Edgar Evans immer schwächer wird. Eigentlich war es nicht verwunderlich, denn Evans war der größte der Männer und da er deshalb einen höheren Grundumsatz hatte als die anderen, litt er am meisten unter dem Kalorienmangel. Dr.

Michael Stroud, der 1992 selber Schlitten in der Antarktis gezogen hat, glaubt, dass Evans bis zum Südpol etwa 15 kg abgenommen hat. Auf der Rückreise fror er dadurch ständig und wurde immer schwächer. Am 17. Februar starb er an Entkräftung.

Mit einem Mann weniger zogen Scott und seine Begleiter den Schlitten mit ungutem Gefühl weiter, denn der antarktische Sommer ging langsam zu Ende. Oft war es so, als ob man den Schlitten wie über Wüstensand zieht, denn bei tiefen Temperaturen ändert der Schnee seine uns vertrauten Eigenschaften. Am 16. März war Lawrence Oates mit seinen Kräften am Ende und er opferte sich, damit die anderen bessere Überlebenschancen haben. Nach Scotts Tagebuch verließ er das Zelt und ging in den Schneesturm hinaus mit den Worten: „Ich will mal hinausgehen und bleibe eine Weile." Er wurde nie wieder gesehen.

Jetzt waren nur noch drei Expeditionsteilnehmer am Leben und mussten sich bis zum nächsten Depot durchkämpfen. Am 20. März wurden die drei Überlebenden von einem Schneesturm überrascht. Etwa 18 Kilometer vor dem Ein-Tonnen-Depot schlugen sie das Zelt auf und warteten darauf, dass sich der Sturm legt, was leider nicht geschah. Ab 23. März war kein Brennstoff mehr vorhanden. Am 29. März machte Scott seinen letzten Tagebucheintrag. Wahrscheinlich ist das der Tag, an dem die Männer im Zelt gestorben sind.

Am 29. Oktober 1912 machte sich eine Gruppe von Scotts Männern, die in der Basisstation überwintert hatten, auf den Weg, um die verschollene Expedition zu suchen. Am 12. November wurde das Zelt mit den drei Toten gefunden. Robert Falcon Scott, Edward Wilson und Henry Bowers lagen steifgefroren in ihren Schlafsäcken. Man fand Scotts Tagebücher, Abschiedsbriefe und eine Botschaft an die Öffentlichkeit. Auch Amundsens Brief an den König von Norwegen wurde gefunden. Das war der beste Beweis, dass Amundsen als Erster den Südpol erreicht hat. Die Suchmannschaft ließ das Zelt zusammenfallen, errichtete darüber eine Schneepyramide und fotografierte die Szenerie. Das Bild vom Grab der drei Männer erschien am 21. Mai 1913 auf der Titelseite von The Daily Mirror. Die Tagebücher haben Scott berühmt gemacht und für Jahrzehnte galt er als Held der Nation. Erst Jahrzehnte später haben sich Autoren getraut an seinem Ruf zu kratzen und darüber zu schreiben, wie stümperhaft er die Expedition geplant hatte.

Das Zelt mit den drei Leichen dürfte heute von etwa 20 m Schnee zugedeckt sein. Das Eisschelf wandert in Richtung Meer und das Zelt mit den toten Polarforschern wird den Eisrand im Ozean etwa im Jahr 2300 erreichen. Vielleicht kommen vorher die Wissenschaftler auf die Idee, Scott und seine Männer zu bergen und für wissenschaftliche Zwecke zu untersuchen. Die Geschichte von Scott zeigt, wie gefährlich die Kälte und der Nahrungsmittelmangel sind. Es gibt etliche Bücher über den Wettlauf zum Südpol zwischen Amundsen und Scott, die spannender sind als manch ein Krimi.

Um sich die Distanzen und die Anstrengung Scotts besser vorzustellen, könnten Sie folgende fiktive Reise unternehmen. Fahren Sie nach Berlin und kaufen Sie dort ein Seil und einen Lastwagenreifen. Binden Sie sich das eine Seilende um den Bauch und das andere um den Reifen. Ziehen Sie den Lastwagenreifen über Nürnberg, München, Verona und Bologna nach Rom, kehren Sie dort um und schleppen Sie den

Lastwagenreifen zurück nach Berlin. Wenn Sie sich noch die extrem tiefen Temperaturen und einen Teil der Reise auf 3.000 m Höhe vorstellen, dann erstaunt es nicht, dass Scotts Expedition wegen schlechter Planung im Desaster geendet hat.

Reinhold Messner, Arved Fuchs

Reinhold Messner ist ein Bergsteiger, der viele Bücher verfasst hat. Für sein etwas anderes Abenteuer – die Durchquerung der Antarktis – brauchte er einen Partner, da allein in der Eiswüste zu reisen gefährlich ist. Arved Fuchs hat diverse Expeditionen in der Arktis gemacht, so schien er der perfekte Partner zu sein.

Die Ärzte haben Messner geraten, vor der Reise Fett anzusetzen, um nicht zu frieren und Energiereserven zu haben. Die Reise wurde von ANI (Adventure Network International) durchgeführt – einer privaten kanadischen Organisation, die in der Zwischenzeit von einer größeren Organisation übernommen wurde. Die Durchquerung sollte von Patriot Hills über den Südpol zur McMurdo-Bucht führen, dort, wo Scott gestartet war. Von Südchile bis zum Startplatz in der Antarktis mussten 3.200 km mit einem klapprigen Flugzeug zurückgelegt werden.

Die Antarktisdurchquerung begann am 13. November 1989. Die Absicht war, nach 2.800 km Fußmarsch in 92 Tagen am Ziel zu sein. Die Reiseorganisation hat in der Antarktis zwei Depots angelegt, da sonst die Schlitten zu schwer beladen wären. Wie bei vielen Antarktisreisenden waren die Sastrugis ein Ärgernis. Das sind durch Wind aus dem Schnee ausgefräste Buckel und Wellen. Manchmal mussten sie wie über einen Acker laufen.

Arved Fuchs hatte Probleme mit Füßen (Blasen) und seiner Kondition. Messner musste oft auf ihn warten und fror dann und so kam es zu Spannungen zwischen den beiden Expeditionsteilnehmern. Dies sollten Sie beachten, wenn Sie zu zweit joggen oder spazieren gehen. Der eine langweilt sich, der andere ist überfordert und beide sind unzufrieden.

Messner und Fuchs haben pro Tag sechs bis sieben Stunden Marschzeit eingerechnet. Der Rest der Zeit ging drauf für das Zeltaufstellen, Kochen, Essen und Schlafen. Oft gab es Stürme und da war ein Weiterkommen nicht möglich. Wenn einer von ihnen im Schneesturm auf die Toilette musste, kam er als Schneemann zurück ins Zelt. Schnell auf die Toilette gehen ist zu Hause kein Problem, kann in der Antarktis wegen der tiefen Temperaturen eine Herausforderung sein.

Auf dem Südpol beluden Messner und Fuchs ihre Schlitten mit je 120 kg. Vom Pol ging es weiter etwa 500 km auf dem Hochplateau, dann 200 km auf dem Gletscher hinunter auf Meeresniveau und zum Schluss noch 700 km auf dem Ross-Eisschelf. Die Rationen betrugen 5.200 kcal am Tag. Trotzdem war im Tagebuch von Messner am 4. Februar zu lesen: „Wir sind nur noch Haut und Knochen und die Kälte dringt mir durch Mark und Bein."

Am 12. Februar 1990 haben sie das Ziel erreicht. Die Expeditionskosten betrugen mehr als eine Million Mark, eine Währung, die durch den Euro ersetzt wurde. 80 % der Kosten gingen für Flüge und das Einrichten der Depots drauf. Nach der gemeinsamen Expedition kam es zum Streit zwischen Messner und Fuchs, da jeder die Reise anders geschildert hat.

Evelyne Binsack

Evelyne Binsack ist eine der wenigen diplomierten Bergführerinnen. Sie stand 2001 als erste Schweizerin auf dem Mount Everest. Im Jahr 2006 begann sie ihre Expedition von der Schweiz aus zum Südpol mit eigener Muskelkraft. Die erste Etappe führte sie mit dem Fahrrad vom Grimselpass in den Schweizer Alpen über Nordspanien nach Porto in Portugal. Da Salt Lake City (USA) auf dem gleichen Grad nördlicher Breite liegt wie Porto, ging die Fahrradtour von dort weiter über Mexico nach Panama. Von dort flog sie nach Quito in Ecuador, um nicht Bekanntschaft mit dem kolumbianischen Drogenkartell zu machen. Unterwegs mit dem Fahrrad zur Südspitze des Kontinents bestieg sie diverse Berggipfel – natürlich zu Fuß – wie Cotopaxi (5.897 m) und Chimborazo (6.310 m). (Hier könnte ich eine Zwischenfrage einschalten: Auf wie vielen Berggipfeln dieser Höhe sind Sie schon gestanden?) In Punta Arenas, auf der Südspitze Chiles, endete die Fahrradtour und es begannen die Vorbereitungen für die Antarktisexpedition. Im Fitnesscenter legte sie Muskeln zu, und um sich für das Schlittenziehen vorzubereiten, zog sie einen Lastwagenreifen durch die Gegend. Eine weitere Vorbereitung für die antarktische Kälte bestand darin, ihr Körpergewicht von 60 auf 75 kg zu erhöhen, was sie mit erreichten 72 kg nicht ganz geschafft hat.

Weil Soloexpeditionen in der Antarktis extrem teuer und auch gefährlich sind, hat sich Frau Binsack einer Gruppe von vier Männern angeschlossen. Die Expedition war *unsupported and unassisted*, d. h. ohne Unterstützung von außen und ohne Lebensmitteldepots auf der Strecke. Mit dem Flugzeug ging es nach Patriot Hills in der Antarktis und von dort zum Startpunkt nach Hercules Inlet. Der Schlitten wog zu Beginn 115 kg, davon 60 kg Nahrungsmittel. Es handelte sich dabei um gefriergetrocknete Menüs, Getreideflocken, Salami, Schokolade, Trockenfrüchte, Nüsse und noch diverse andere kalorienreiche Pülverchen. Pro Tag waren 5.300 kcal einberechnet. (Sagen Sie einem Ernährungsberater, dass Sie mit Salami und Schokolade abnehmen möchten, und er fällt garantiert vom Hocker.)

Das Ziel der Expedition – der Südpol – lag 1.180 km entfernt. Zusammen mit Max Chaya, Devon McDiarmid, Hans Foss und Adrian Hayes ging es los in die Kälte. Der starke Wind und die Sastrugis erschwerten das Vorwärtskommen und so wurden Kalorien verbraucht. Zudem musste die Gruppe das Hochplateau ersteigen. Wenn die Sonne schien und die Kocher liefen, war es im Zelt nicht so kalt wie bei bedecktem Himmel. Nach ihren Tagebucheinträgen hat sie bis zum 23. Tag etwa 8 kg abgenommen. Ein weiterer Tagebucheintrag lautet: „Wir haben alle schon mehr Gewicht verloren, als uns lieb ist." Am 34. Tag schreibt sie über Max: „Die Strapazen haben seine Kräfte aufgezehrt. Er ist nur noch Haut und Knochen." Am 41. Tag schätzt sie, dass sie ungefähr 12 kg verloren hat, was fast dem angefutterten Fettpolster vor der Reise entspricht. Am 29. Dezember 2007 hat die abgemagerte Gruppe nach 47 Tagen Schlittenziehens den Südpol erreicht. Im Gegensatz zu Amundsen und Scott mussten sie hier nicht umkehren und zurück an den Rand der Antarktis zu Fuß gehen, sondern wurden ausgeflogen. Die Expedition von der Schweiz zum Südpol hat 484 Reisetage gedauert.

Wenn man jemanden sagt, dass man mit 5.300 kcal am

Tag in 40 Tagen 12 kg abnehmen kann, dann wird man wahrscheinlich entgeistert angeschaut. Schwere körperliche Arbeit in kalter, dünner und trockener Luft hat auf das Körpergewicht eine fast unglaubliche Wirkung. Frau Binsack ist der einzige Mensch, den ich persönlich kennengelernt habe, der auf dem antarktischen Hochplateau und Südpol war. In einer E-Mail hat sie mir erklärt, dass ein untrainierter Mensch besser in den Bergen Schneeschuhwandern geht, als sich auf das Hochplateau in einer nicht unterstützten Expedition wagt.

Die Grönlandexpedition

Die BBC hat in einer sechsteiligen Dokumentation (Blizzard: Race to the Pole; Ausstrahlung im Jahr 2006 auf BBC 2) das Rennen zum Südpol zwischen Amundsen und Scott nachgestellt. Ein norwegisches und britisches Team haben mit der Ausrüstung und den etwa gleichen Nahrungsmitteln, die von Amundsen und Scott verwendet wurden, die zermürbendste Expedition der Geschichte zu wiederholen versucht. Da Schlittenhunde seit 1994 in der Antarktis verboten sind, wurde die Expedition in Grönland gefilmt. Die Neuauflage des Wettrennens sollte 99 Tage dauern und vom Start bis zum fiktiven Pol waren 1.120 km zurückzulegen.

Nach einer zweiwöchigen Eingewöhnungszeit wurden die Teams zum Startpunkt im Landesinneren auf 1.000 m Höhe mit dem Flugzeug gebracht. Sie sollten auf parallelen Routen über einen Gletscher auf 2.000 m Höhe steigen, den symbolischen Südpol finden und wieder zum Startpunkt zurückkehren. Entlang der Strecke waren Nahrungsmitteldepots angelegt. Die Teams mussten mit den Mitteln von damals selber navigieren. Das britische Team hatte – wie damals Scott – die Hunde nur die ersten 40 Tage zur Verfügung, dann mussten sie die Schlitten selber ziehen.

Die Nahrung bestand wie damals bei Amundsen und Scott vorwiegend aus Pemmikan und Zwieback. Pemmikan hat einen Fettanteil von 50 % und einige Teilnehmer mussten es richtig runterwürgen, da sie den Geschmack nicht ertrugen. Es ist nicht nur gewöhnungsbedürftig, sondern wegen des hohen Fettanteils auch schwer verdaulich.

Ab dem 41. Tag ziehen die Briten wie damals Scott ihre

Schlitten selber. Das geht schwer an ihre Substanz. Beim wöchentlichen Gesundheitscheck überprüfen sie auch ihr Gewicht. Im Gegensatz zu Scott und Amundsen haben die Teams Körperwaagen mitgenommen. Sie stellen extreme Gewichtsverluste fest. Dadurch werden sie beim Schlittenziehen schwächer und spüren die Kälte mehr. In den Köpfen der Scott-Gruppe dreht sich alles ums Essen – eine Auswirkung der starken Unterernährung. Dr. Mike Stroud, ein Polarreisender, Ernährungswissenschaftler und Kommentator in der Fernsehdokumentation, hat selber Schlitten in der Antarktis gezogen und dabei 8.000 kcal und mehr am Tag verbraucht. Das britische Team hat aber nur 4.500 kcal pro Tag zur Verfügung.

Das norwegische Team kommt mit den Schlittenhunden gut voran, findet den imaginären Südpol und macht sich auf die Rückreise zum Startplatz. Als sich die Briten dem Pol nähern, sind die Norweger schon zwei Wochen zu Hause. Da die meiste Arbeit von den Schlittenhunden geleistet wurde, haben die Norweger im Durchschnitt nur 6,5 % ihres Körpergewichts verloren und bauten fast nur Fettgewebe ab.

Die Briten sind durch das Schlittenziehen entkräftet und abgemagert. Am 91. Tag brechen die Produzenten des Films die Expedition ab. Bei der anschließenden Gesundheitsuntersuchung stellen die Ärzte fest, dass die Männer durchschnittlich 19 % ihres Körpergewichts verloren haben. Was die Fachleute etwas erstaunt hat, war der hohe Verlust an Muskelmasse. Die vier bis zum Schluss verbliebenen Expeditionsteilnehmer haben jeder zwischen etwa 6 und 10 kg Muskeln verloren. Scotts Nahrung war offenbar ungeeignet für Polarexpeditionen. Amundsen und seine Männer haben sich neben Pemmikan auch mit Hundefleisch ernährt, welches beim norwegischen Team durch Rindfleisch ersetzt wurde. Der Sinn einer Abmagerungskur ist es nicht, Muskelmasse abzubauen. Wenn man sich zu sehr in der Kälte anstrengt und sich falsch ernährt, kommt es zu diesem Phänomen. Mit einer täglichen Portion Eiweiß hätten die Briten mehr Fett als Muskeln abgebaut.

James Cracknell, Ben Fogle

Im Januar 2009 fand das *Amundsen Omega 3 South Pole Race* statt. Es nahmen sechs Teams am Rennen teil. James Cracknell und Ben Fogle waren im Team QinetiQ und haben ein Buch über das Rennen geschrieben. Der dritte Teilnehmer im Team war Ed Coats. Nach einer Vorbereitungsphase wurden die Teams auf das antarktische Hochplateau zur Startlinie geflogen. In einer ersten Etappe von knapp 400 km Länge musste man einen Checkpoint finden und dort mindestens 24 Stunden verweilen. Von dort ging es in einer zweiten Etappe von fast 400 km bis zum Südpol.

Die Schlitten wogen am Anfang 70 kg. Wie die anderen Polarreisenden hatten auch die drei Expeditionsteilnehmer mit den Tücken der Antarktis zu kämpfen. Man ist viele Stunden am Tag der Kälte und dem Wind ausgesetzt. Zum Schlafen muss man ein Zelt aufstellen, wo es wenigstens windstill und etwas weniger kalt ist. Auf dem antarktischen Hochplateau gibt es keine Restaurants, wo man sich aufwärmen könnte. Da auf dem Schlitten wenig Platz für Ersatzwäsche vorhanden ist, kann man nur erahnen, wie die Männer gestunken haben, denn unterwegs gibt es keine Hotels, wo man duschen könnte.

James, Ben und Ed haben nicht genug fetthaltige Nahrungsmittel mitgenommen und hatten ständig Hunger. Wenn ein Eisbär eine Robbe tötet, frisst er zuerst den sogenannten Blubber, die dicke Fettschicht unter der Robbenhaut. In der Kälte ist Fett ein ideales Nahrungsmittel, hingegen muss man in einer warmen Wohnung mit Zentralheizung nicht viel Fett essen.

Die Expeditionsteilnehmer haben die physiologische Grenze

der Nahrungsaufnahme kennengelernt. Ein normaler Mensch hat Mühe, mehr als 6.000 kcal pro Tag zu essen und zu verdauen. Wenn man aber 8.000 kcal oder mehr pro Tag verbraucht, nimmt man zwangsläufig ab, auch wenn man sich ständig vollfrisst. Das Problem der Antarktisreisenden ist, dass sie nicht den Schlitten beliebig schwer beladen können. Irgendwann ist ein Gewicht erreicht, wo man den Schlitten nicht vom Fleck kriegt.

Das Team QinetiQ belegte den zweiten Platz nach einer Rennzeit von knapp 19 Tagen. Zählt man die Trainingsphase hinzu, waren die Teilnehmer fast einen Monat in der Antarktis unterwegs. James Cracknell hat 18 kg Körpergewicht verloren, Ben Fogle und Ed Coats haben jeder etwa 13 kg abgenommen. Schlittenziehen ist eine schwere körperliche Arbeit, die viel Energie verbraucht. Ein Teil des Gewichtsverlustes ist durch die extreme Kälte verursacht. Der Körper baut Fett ab, um seine Körpertemperatur zu halten.

Cecilie Skog

Cecilie Skog (geboren 1974) ist eine norwegische Bergsteigerin, die die höchsten Gipfel auf allen Kontinenten bestiegen hat. Zusammen mit dem Amerikaner Ryan Waters hat sie auf Skiern die Antarktis durchquert. Sie hatten keine Segel oder andere Hilfsmittel zur Verfügung. Alle Energie lieferte die eigene Muskelkraft. Die Expedition startete am 13. November 2009 auf der Berkner-Insel und endete nach etwa 1.800 km am 21. Januar 2010 auf dem Ross-Eisschelf. Im Gegensatz zu Amundsen und Scott war Cecilie Skog mit modernster Navigationstechnik und Satellitenfotos ausgerüstet. Am Ende der Reise wurden beide vom Flugzeug abgeholt.

Der Schlitten wog zu Beginn 135 kg. Davon waren 78 kg Nahrung für 70 Tage vorgesehen. Cecilie Skog ist 1.60 groß. Während der Expedition ist sie von 60 kg auf 45 kg abgemagert. Ihr BMI (Body-Mass-Index) sank von 23,4 auf 17,6. Wenn sie mit gleichem Tempo abgenommen hätte, wäre sie nach weiteren 70 Tagen nur noch 30 kg schwer gewesen. Das ist natürlich nur eine theoretische Rechnerei, denn irgendwann bricht der Mensch zusammen oder stirbt sogar.

Parker Liautaud

Der 19-jährige Parker Liautaud und sein Partner Doug Stoup haben ein Wettrennen zum Südpol in Rekordzeit absolviert. Sie haben den Startpunkt dort gewählt, wo die Gletscher zum Schelfeis hinunterfließen. Die Strecke von etwa 600 km legten sie im Dezember 2013 in 18 Tagen zurück. Damit ist Parker Liautaud momentan der jüngste männliche Teilnehmer, der auf Skiern diese Strecke zurückgelegt hat. Dieser Rekord wird wahrscheinlich nicht lange halten.

Liautaud hat über diverse Strapazen während des Rennens geklagt. Der Schlitten wog zu Beginn 82 kg, was Rückenschmerzen verursacht hat, da er diesen täglich zwölf Stunden lang gezogen hat. Der Wind war lästig und zusammen mit der Kälte eine große mentale Herausforderung. Wenn Nebel aufzog, kam es zum sogenannten *Whiteout*. Man hat keine Orientierungspunkte und weiß nicht, was oben und unten ist in dieser weißen Masse. Das erschwert das Navigieren ungemein und die Gefahr besteht, dass man den Partner verliert. Wegen der Höhe des Plateaus litt Liautaud unter Kurzatmigkeit und Symptomen der Höhenkrankheit. Ab einer Höhe von 2.500 m ü. M. leiden manche Menschen an Kopfweh, Übelkeit, Schwindel, Appetitlosigkeit und können nur schlecht schlafen.

Obwohl sich Liautaud kalorienreich ernährt hat (6.000 kcal pro Tag), verlor er während des Wettrennens 9 kg Körpergewicht. Das entspricht einer Gewichtsreduktion von 500 g pro Tag. Stellen Sie sich vor, was er abgenommen hätte, wenn er täglich nur 3.000 kcal zu sich genommen hätte. Amundsen hat nicht über Gewichtsverlust geklagt, da die meiste Arbeit von Hunden geleistet wurde und er große

Nahrungsreserven in den Depots hatte. Fast alle Expeditionsteilnehmer, die ihre Schlitten selber gezogen haben, sind stark abgemagert.

Das antarktische Hochplateau

In der Küstenregion der Antarktis herrschen im Hochsommer (etwa Dezember bis Februar) erträgliche Temperaturen um den Gefrierpunkt. In gewissen Küstenregionen wimmelt es von Möwen, Pinguinen, Robben und Walen. Geht man aber hinauf in die hohen, zentralen Regionen der Antarktis, kommt man in eine eigene Welt der Einsamkeit und Kälte ohne Leben und Lärm. Da gibt es keine Wälder und Flüsse, keine Straßen, Dörfer und Städte, keinen Nachbarn, der mit seinem Rasenmäher die Ruhe stört, kein Kindergeschrei oder Hundegebell. Wenn nicht gerade ein starker Wind weht, wird diese absolute Stille von vielen Expeditionsteilnehmern als etwas Unheimliches beschrieben. Das Hochplateau ist eine Eiswüste mit wenigen Niederschlägen. Da das Sonnenlicht im Sommer in einem flachen Winkel auftrifft, wird es von der Schneefläche reflektiert und deshalb bleibt es kalt, obwohl die Sonne 24 Stunden am Tag scheint. Am 21. Juli 1983 wurde in der Nähe der russischen Station Wostok eine Temperatur von −89,2 °C gemessen. Die Forschungsstation liegt auf einer Höhe von fast 3.500 m ü. M. Lange galt diese Temperatur als der Kälterekord der Antarktis. Bei der Auswertung von Temperaturaufnahmen, die der Satellit *Landsat* am 10. August 2010 über der Ostantarktis gemacht hat, wurde eine Temperatur von −93,2 °C gemessen.

Etwa ein Drittel der innerantarktischen Eisfläche liegt höher als 3.000 m ü. M. Wenn man sich in dieser Eiswüste befindet, merkt man die Höhenunterschiede der Eisoberfläche vom bloßen Auge nicht, denn die Distanzen sind riesig und weil die Erde gekrümmt ist, sieht man nicht sehr weit. Der

Südpol liegt auf diesem Hochplateau auf 2.835 m ü. M., fast so hoch wie die Zugspitze, die eine Höhe von 2.964 m ü. M. aufweist. In der Nähe des Südpols befindet sich seit 1957 die amerikanische Amundsen-Scott-Forschungsstation, die das ganze Jahr besetzt ist. Es ist kein Hotel, sondern dient den Forschern als Basis. Gäste werden als Belästigung empfunden, die den Forscheralltag stören. Die Autoren des Reiseführers *Antarctica* (Lonely Planet) beschreiben wie etliche der Stationsmitglieder, die einen Teil der Arbeiten draußen in der Kälte verrichten müssen, nicht zunehmen, obwohl sie täglich 5.000 bis 6.000 kcal zu sich nehmen. Forscher, die nur 15 Wochen im Sommer auf der Station eingesetzt wurden, haben in dieser kurzen Zeit 20 kg abgenommen, obwohl sie gar nicht abnehmen, sondern nur arbeiten wollten.

Die meisten Antarktisreisenden fahren mit einem Schiff zur antarktischen Halbinsel, die gegenüber Südamerika liegt. Hier kann man Gletscher, Berge und Tiere fotografieren. Das Hochplateau bietet nur Schnee und Eis und es zu erreichen, ist extrem teuer. Es gibt Flüge, die in Punta Arenas (Chile) und in Kapstadt (Südafrika) starten. Das erste Problem ist, dass die Flugzeuge den Treibstoff für den Rückflug mitnehmen müssen, denn in der Antarktis gibt es keine normalen Flughäfen wie auf den anderen Kontinenten, wo man das Flugzeug betanken könnte. Das mindert die Zuladung und verteuert den Flug. Wenn Sie eine Expedition aufs Hochplateau vorhaben, sollten Sie wissen, dass Sie mit dem Geld ein Auto der gehobenen Mittelklasse kaufen könnten. Die Organisation der Antarktis-Reisebüros (IAATO, International Association of Antarctica Tour Operators) kann Ihnen weiterhelfen, falls Sie beabsichtigen in den kalten Süden zu fahren.

Die Expeditionen auf dem Hochplateau der Antarktis wurden meistens von sportlichen und nicht stark übergewichtigen Personen durchgeführt. Oft waren es trainierte Bergsteiger, die gewohnt sind, in der Kälte und dünner Luft zu überleben. Ich habe in keinem der Bücher oder Zeitungsartikel gelesen, dass die abenteuerliche Schlittenzieherei wegen der Gewichtsreduktion gemacht wurde. Falls Sie stark übergewichtig und untrainiert sind, werden Sie wahrscheinlich schon am ersten Tag kollabieren. Sie sollten auf jeden Fall eine sportmedizinische Untersuchung machen, bevor Sie daran denken, auf dem Hochplateau Ihr Gewicht zu reduzieren. Mir ist nicht bekannt, dass es eine Diätklinik auf dem antarktischen Hochplateau gibt oder geben wird, dabei hätte man hier beste Verhältnisse, um die Kilos loszuwerden. Zudem hätten die Ärzte in der Abgeschiedenheit beste Kontrolle über die Patienten, denn auf dem Eisplateau gibt es keine Bäckereien und Restaurants, wo man sich heimlich den Bauch füllen könnte, und einen Pizzakurier, der die Pizza aufs antarktische Hochplateau liefert, möchte ich noch sehen – der kommt bestimmt ins Guinness-Buch der Rekorde.

Die Körpertemperatur

Die Temperatur eines gesunden Menschen liegt im Bereich von 36 bis 37 °C und schwankt minimal im Tagesverlauf mit einem Tiefstwert am Morgen und einem Höchstwert am Nachmittag. Der Stoffwechsel wichtiger Organe ist auf eine ziemlich konstante Temperatur von 37 °C angewiesen. Bei vielen Krankheiten steigt die Körpertemperatur an. Wenn ein Kind seiner Mutter sagt, dass es krank ist und nicht in die Schule will, so fühlt die Mutter zuerst die Stirn des Kindes. Fühlt sich diese sehr warm an, darf das Kind zu Hause bleiben. Bei einem Fieber höher als 42 °C wird es für einen Menschen kritisch – es kommt zu Kreislaufversagen oder sogar zum Tod. Die Eiweißstrukturen werden bei hohen Temperaturen verformt oder zersetzt.

Wenn ein Mensch im Sommer zu lange der Hitze ausgesetzt ist, besteht die Gefahr eines Hitzschlags. Im Normalfall wehrt sich der Körper durch Schwitzen gegen zu viel Wärme. Meistens kommt es bei einem Ansteigen der Körpertemperatur zu einer Bewusstlosigkeit. Fällt in einem modernen Zug im Sommer die Klimaanlage aus, erleiden etliche Passagiere Kreislaufprobleme. Während der Hitzewelle im August 2003 sind viele alte und kranke Menschen in diversen Ländern Europas gestorben, weil sie den Anstieg der Körpertemperatur nicht verhindern konnten. Eine Klimaanlage ist nicht nur purer Luxus – sie kann auch Leben retten. Kommt ein Kind zu früh auf die Welt, so wird es in einem Brutkasten oder Inkubator untergebracht. Hier werden die Temperatur und die Luftfeuchtigkeit geregelt. Um die Verdunstungskälte zu reduzieren, muss die Luftfeuchtigkeit hoch sein. Bei Zimmertemperatur hätte ein zu früh geborenes Kind schlechte Überlebenschancen, da es die Körpertemperatur nicht selber halten kann. Frühgeborene haben noch keine ausreichend dicke Fettschicht, die sie vor der Kälte schützt.

Wenn das Auto im Sommer an der Sonne steht, heizt sich das Wageninnere schnell auf. Je nach Außentemperatur und Autofarbe besteht schon nach wenigen Minuten Lebensgefahr. Jeden Sommer sterben Kinder an Überhitzung, weil die Eltern das schlafende Kind nicht wecken wollen und es im Auto lassen, um etwas schnell zu erledigen, das dann doch länger dauert, als sie gedacht haben. Einen Hund im Auto zurückzulassen, bedeutet an einem heißen Sommertag sein Todesurteil.

Auf Unterkühlung der inneren Organe und des Gehirnes reagiert der Mensch sehr empfindlich. Beim Untergang der Titanic sind viele Passagiere, die ins Wasser gefallen sind, nach kurzer Zeit an Unterkühlung gestorben. Im Zweiten Weltkrieg sind viele deutsche Piloten abgeschossen worden und haben im Ärmelkanal den Tod gefunden, obwohl sie nicht verletzt waren. Vor allem im Konzentrationslager Dachau wurden aus diesem Grund Kältetodversuche an Häftlingen durchgeführt. Man hat dabei festgestellt, dass bei einer Abkühlung der Kerntemperatur auf 25 bis 28 °C der Tod eintritt. Die inneren Organe und das Gehirn brauchen eine bestimmte Temperatur, um funktionieren zu können. Wird diese unter- oder überschritten, führt dies zum Tod. Der menschliche Körper verfügt über einen eingebauten Thermostaten, der die Temperatur unabhängig von der Außentemperatur konstant hält. Ist die Temperatur zu hoch, beginnt der Mensch zu schwitzen, um die überschüssige Wärme loszuwerden. Ist die Temperatur zu niedrig, wird die Durchblutung der Haut und der Extremitäten verringert. Die Wärme muss bei den inneren Organen und dem Gehirn im lebenserhaltenden Bereich erhalten bleiben. Dem Körper sind abgefrorene Zehen oder Finger nicht so wichtig – Hauptsache die Kerntemperatur bleibt erhalten. Vielen Bergsteigern mussten Zehen amputiert werden, da der Körper Prioritäten gesetzt und zuerst die Leber, das Herz und das Gehirn mit Wärme versorgt hat, die dann in den Füßen gefehlt hat.

Vielleicht haben Sie es schon selber erlebt oder an anderen Menschen – vor allem Kindern – beobachten können: das Kältezittern. Wenn ein Mensch im Sommer zu lange im Wasser verweilt, wird der Körper unterkühlt. Wasser entzieht dem Menschen viel Wärme und der Körper schaltet die Muskeln ein, um Wärme zu produzieren. Das Kältezittern ist nicht gewollt, sondern ist ein Schutzmechanismus gegen den Kältetod. Die Muskeln produzieren beim Arbeiten oder eben Zittern viel Wärme, die der Körper braucht, um optimal funktionieren zu können.

Während Stalins Herrschaft wurden viele politische Gegner nach Sibirien verbannt. Wenn man an Sibirien denkt, dann kommt einem wahrscheinlich die *sibirische Kälte* in den Sinn. Im Landesinneren herrscht ein kontinentales Klima mit heißen Sommern und extrem kalten Wintern. Die Menschen unter Stalin hatten eine doppelte Angst: die Angst vor dem Lager und die Angst vor der Kälte, denn diese hat vielen Menschen das Leben gekostet. Stalin hätte die Lager auch am Schwarzen Meer errichten können, aber dort ist das Klima angenehm und dem Diktator ging es nicht um das Wohl der Menschen, sondern um deren Einschüchterung. Wenn Menschen an einem kalten Wintertag sich lange draußen aufhalten müssen, beginnen sie hin und her zu laufen und Arme zu schwenken, um sich aufzuwärmen. Mit Muskelarbeit kann man eben Wärme produzieren. Der Mensch als Maschine hat einen schlechten Wirkungsgrad. Etwa drei Viertel der Energie gehen bei einem arbeitenden Muskel als Abwärme verloren. Unsere Muskeln ermöglichen uns nicht nur die Fortbewegung, sie sind auch eine interne Heizung.

In einem geschlossenen Raum, wo sich viele Menschen aufhalten, steigt die Temperatur, weil jeder Anwesende wegen seines Stoffwechsels knapp 100 Watt Wärme abstrahlt. Wenn der Mensch seine Wärme nicht mehr abstrahlen kann, weil die Raumtemperatur gestiegen ist, fühlt er sich nicht mehr wohl und dann werden die Fenster aufgerissen. Manche meinen dann, die Luft sei schlecht, aber es ist nicht nur der gestiegene Kohlendioxidgehalt, der Probleme verursacht, sondern die gestörte Thermoregulation. Da der Mensch durch den Stoffwechsel ständig Wärme produziert, die er irgendwie loswerden muss, liegt die Behaglichkeitstemperatur nicht bei 37 °C, sondern eher bei 23 °C, falls die Luftfeuchtigkeit nicht sehr hoch ist.

Jeder Mensch hat ein anderes Wärmeempfinden. Nehmen wir folgende Situation an: In einem Raum befinden sich zwei Menschen – der eine friert, der andere findet es zu warm. Woran kann das liegen? Meistens liegt die Ursache im Körperbau. Der Untergewichtige wird schneller frieren, der Übergewichtige mit einer dicken Fettschicht ist gut isoliert und fühlt sich eher bei tieferen Temperaturen wohl. Allgemein könnte man es so formulieren: Die Dünnen frieren, die Dicken schwitzen.

Die Taucher sieht man selten ohne Taucheranzug ins Wasser gehen. Für kurze Tauchgänge in den Tropen kann man zwar auf einen Wärmeschutz verzichten, aber in der Regel wählt man einen Anzug aus, der für eine bestimmte Wassertemperatur empfohlen wird. Beim Nassanzug aus Neopren kann man je nach Wassertemperatur von etwa 3 bis 8 mm Dicke ausgehen. Der Trockenanzug schützt besser vor Kälte. Wie sehr man beim Tauchen friert, hängt natürlich auch von der Fettschicht unter der Haut ab und die ist bei jedem Taucher verschieden dick.

Es gibt Architekten, die wenig über die Körpertemperatur und Thermoregulation des Menschen wissen. So bauen sie Restaurants mit einer großen Glasfront, weil das modern ist und weil *lichtdurchflutet* so schön tönt. Im Sommer fühlen sich die Menschen hinter der heißen Glasscheibe nicht wohl, und weil zusätzlich noch der Treibhauseffekt wirkt, lässt man die Klimaanlage auf Hochtouren laufen. Wer im Winter neben einer großen Glasscheibe sitzt, fühlt sich ebenfalls unbehaglich, weil der Körper zu viel Wärme ans kalte Glas abstrahlt. Die Temperatur im Restaurant mag zwar hoch sein, aber der Wärmeverlust durch Abstrahlung kann dadurch nicht gestoppt werden.

Viele Tiere haben sich an die Kälte angepasst. Sie schützen sich gegen den Wärmeverlust mit einer Fettschicht, einem dicken Fell oder Federn. Der Mensch ist besser angepasst für Wärme, vor der er sich mit Schwitzen wehren kann. Da in heißer und feuchter Luft die Abkühlung durch Schweiß nicht so gut funktioniert, werden in Wohnungen und Autos Klimaanlagen eingebaut. Gegen die Kälte schützt sich der Mensch mit Kleidung und er baut Häuser mit einer Heizung. Im Jahr 1920 hatten die wenigsten Häuser eine Zentralheizung. Meist wurde nur ein Raum gut geheizt und in den restlichen Räumen war es kühl. Die Menschen haben damals deswegen mehr Körperwärme an die Umgebung abgegeben und blieben eher schlank, denn ein Teil der Nahrung wurde für die Wärmeproduktion gebraucht. Heute ist dieser Wärmeverlust gering, und in Kombination mit immer verfügbarer Nahrung führt dies bei etlichen Menschen zu Übergewicht.

In fast jedem Kriminalfilm wird ein Toter gefunden und dann kommt der Gerichtsmediziner und sagt dem Kommissar, vor wie vielen Stunden der Mord stattgefunden hat. Ein wichtiges Kriterium für seine Aussage ist die Kerntemperatur der Leiche. Wie man diese bestimmt, wird im Fernsehkrimi nie gezeigt, denn der Gerichtsmediziner führt dazu ein spezielles Thermometer rektal bis zum Mastdarm ein. Ein lebender Mensch hat eine Temperatur von 37 °C. Bei seinem Tod hört der Stoffwechsel auf und es wird keine Körperwärme mehr produziert. Der Gerichtsmediziner kann mit Hilfe der Außentemperatur, der Bekleidung des Toten und der Kerntemperatur der Leiche einen ungefähren Todeszeitpunkt feststellen. Als Faustregel kann man annehmen, dass die Temperatur um 1 bis 2 °C pro Stunde abnimmt. Bei einer Leiche, die schon mehrere Tage herumliegt, versagt natürlich die Bestimmung des Todeszeitpunktes mittels der Körpertemperatur.

Napoleon hat sich mit 420.000 Soldaten auf den Weg nach Moskau gemacht. Als der Winter kam, machte er sich mit seiner Armee auf den Rückweg. Nur etwa 10.000 Soldaten kamen lebend zurück. Viele sind an Kälte gestorben. Hitler hat ein ähnliches Desaster mit der russischen Kälte erlebt. Beide Kriegstreiber haben die Wichtigkeit der konstanten Körpertemperatur des Menschen unterschätzt. Das menschliche Leben ist nur in einem begrenzten Temperaturbereich möglich.

In der finnischen Stadt Heinola wurde 2010 die Sauna-Weltmeisterschaft ausgetragen. Es nahmen 135 Saunabegeisterte aus 15 Ländern teil. Im Finale saßen die beiden Kontrahenten in einer 110 °C heißen Sauna. Nach sechs Minuten sind beide Teilnehmer kollabiert. Der Titelverteidiger Timo Kaukonen hat überlebt; für den russischen Finalisten Vladimir Ladyzhenskyi kam jede Hilfe zu spät. Wettbewerbe, in denen die Körpertemperatur stark beeinflusst wird, sollten gar nicht erlaubt sein.

In Tel Aviv wurde im März 2013 ein Halbmarathon durchgeführt. Die Temperatur betrug schon am frühen Morgen über 30 °C. Ein 29 Jahre alter Teilnehmer ist am Hitzschlag gestorben, 24 Läufer sind wegen Hitzeproblemen im Spital gelandet. Die Muskeln produzieren bei hoher Leistung viel Wärme und wenn diese nicht abgeführt werden kann, bekommt der Mensch Probleme mit seinem Kreislauf. Vermeiden Sie daher körperliche Anstrengungen bei großer Hitze.

In Melbourne findet jeweils im Januar das Australian-Open-Tennisturnier statt. Im australischen Sommer steigen die Temperaturen manchmal auf über 40 °C. Viele Tennisspieler versuchen mit Eisbeuteln ihre Körpertemperatur zu senken, denn mit Schwitzen allein gelingt das nicht. Es kommt immer wieder vor, dass Spieler kollabieren und sogar Balljungen aus dem Stadion gebracht werden müssen. Auf den Außenplätzen werden bei großer Hitze die Partien auf den Abend verschoben. Die beiden größten Plätze sind mit einem Schiebedach ausgestattet. Diese werden nicht nur bei Regen, sondern auch bei extremer

Hitze geschlossen und dann kommt die große Klimaanlage zum Zug. Die Körpertemperatur bestimmt unser Leben in vielen Situationen.

Im Januar 2014 hat eine Kältewelle die USA erfasst. In einigen Bundesstaaten sank das Thermometer auf –40 °C. Bei diesen Temperaturen drohen schon innert Minuten Erfrierungen. In der Stadt Lexington (Kentucky) floh ein Gefangener aus dem Gefängnis nur mit seiner Anstaltskleidung bekleidet. Da die Kältewelle weit in den Süden der USA vordrang, herrschte in Kentucky eine Temperatur von –20 °C. Schon am nächsten Tag meldete sich der Entflohene in einem Motel und bat den Portier, der Polizei mitzuteilen, dass es ihm draußen in der Freiheit zu kalt ist. Kurze Zeit später saß er wieder in seiner Zelle und genoss die Wärme.

In der Nutztierhaltung kennt man die Probleme mit der Körperwärme schon lange. Sind die Temperaturen im Stall zu tief, wird ein Teil des Futters vom Tier für die Wärmeproduktion verwendet statt für die eigentlich beabsichtigte Gewichtszunahme. Das Stallklima hat einen entscheidenden Einfluss auf den Erfolg des Betriebes. Es gibt zudem viele gesetzliche Verordnungen zur Temperatur und Luftfeuchtigkeit im Stall, die je nach Alter und Gewicht des Nutztieres schwanken können. Junge Schweineferkel brauchen eine höhere Temperatur als ausgewachsene Tiere.

Wer ein Aquarium besitzt, weiß, wie wichtig die Wassertemperatur ist. Die meisten Aquarien sind mit subtropischen Süßwasserfischen bestückt und brauchen eine Temperatur von 22 bis 28 °C. Falls die Aquariumheizung versagt, werden die Fische mit dem Bauch nach oben schwimmen. Wer Reptilien hält, braucht ein Terrarium. Reptilien haben nicht eine konstante Körpertemperatur wie der Mensch. Sie holen sich die Wärme von der Umgebung, indem sie sich z. B. an die Sonne legen. Oft sterben Tiere in einem Terrarium, weil der Besitzer die Reptilien einer falschen Umgebungstemperatur oder Durchzug aussetzt.

Nicht nur Lebewesen haben Probleme mit der Abwärme und Kühlung. Fällt bei einem Automotor die Kühlung aus, sollte man nicht weiterfahren, denn durch die Überhitzung kann der Motor Schaden nehmen. In den Reaktoren des Atomkraftwerks Fukushima kam es zur Kernschmelze, weil das Kühlsystem durch den Tsunami beschädigt wurde. Da deswegen in Japan Strom gespart werden musste, haben viele Menschen ihre Klimaanlagen nicht angestellt, worauf etliche mit Hitzeproblemen im Spital gelandet sind.

Den meisten Menschen ist gar nicht bewusst, wie gefährlich Kälte und Wärme sind. In den Selbstmordstatistiken tauchen diese Begriffe gar nicht auf. An erster Stelle stehen Erhängen oder Ersticken, dann folgt der Sturz in die Tiefe, Vergiften und sich vor einen Zug oder ein anderes Fahrzeug werfen. Gibt es eine Kältewelle, sterben Dutzende Obdachlose, weil ihre Körperkerntemperatur zu stark absinkt. Wenn Sie den Faktor Kälte in Ihre Diät einbauen wollen, dann denken Sie daran, dass ein starkes Absenken der Körpertemperatur gravierende Folgen haben kann. Übertreiben Sie es mit der Kälte auf keinen Fall.

Die Ernährung

Das Leben ist ein chemischer und physikalischer Prozess. Der Mensch nimmt wie die anderen Tiere Nahrung auf, um diese in Energie umzuwandeln. Erst die Nahrungsaufnahme ermöglicht uns das Überleben. Die meisten Tiere verbringen einen großen Teil ihrer Lebenszeit mit der Suche nach Nahrung. Unsere frühen Vorfahren lebten ähnlich und mussten froh sein, wenn sie etwas Essbares ergattern konnten. Sie aßen alles, was sie finden konnten und was ihnen über den Weg lief. In der Geschichte des Menschen haben immer wieder Hungersnöte stattgefunden. Ein Nahrungsüberschuss, wie er heute in den meisten wohlhabenden Ländern herrscht, war die große Ausnahme und galt nur für die Oberschicht. Man wusste lange nichts über Kalorien und Vitamine, es ging oft ums nackte Überleben.

Die Ernährung spielt in unserem Leben auch heute noch eine zentrale Rolle. Es beginnt schon früh mit der Geburtstagstorte. Ich kenne niemanden, der seinen Kindern einen Tomatensalat statt einer Torte zum Geburtstag serviert. Auch eine Hochzeit wird mit einer Torte gefeiert. Manch ein Bräutigam ahnte schon Böses, als er sah, wie seine ihm Angetraute drei Stück Hochzeitstorte mit Genuss verdrückt hatte. An jeder Party wird gegessen und getrunken und manchmal werden auch illegale Substanzen eingenommen, um die Stimmung zu heben. Seien Sie anders: Organisieren Sie eine Party, wo es nur Magerquark und Zwieback zu essen und Leitungswasser zu trinken gibt. Man wird Sie nie vergessen und vielleicht haben Sie nachher einige Freunde weniger.

„Kann ich Sie zu einem Drink einladen?" ist eine oft gestellte Frage. Man macht dann mit einem Abendessen in einem Restaurant weiter und gibt es mickrige Portionen, wird gemeckert, denn man mag lieber volle Teller fürs Geld. In jedem Film schenkt sich jemand einen Whisky ein, weil er im Stress ist. An jedem Kiosk findet man Zeitschriften zum Thema Essen oder Trinken. Der Buchhandel bietet neben hunderten von Kochbüchern diverse Gourmetführer an, wo die besten Restaurants beurteilt werden. Verliert ein Spitzenrestaurant einen Stern, kann das gravierende finanzielle Konsequenzen haben. Während des Karnevals werden von den Umzugswagen Süßigkeiten in die Zuschauermenge geworfen. Im Fernsehen laufen ständig Kochsendungen. Kommen Bekannte von einer Reise zurück, berichten sie, was sie wo gegessen und getrunken haben. Bei einem Geschäftsessen werden Kontakte geknüpft und Intrigen geschmiedet. Kommen Verwandte zu Besuch, biegt sich der Tisch vor lauter Esswaren. Will man sich verabschieden, wird noch nach alter Sitte eingeschenkt, damit man besser in den Sattel steigen kann. Geht das Jahr zu Ende, wird um Mitternacht mit einem Glas Champagner angestoßen, und man nimmt sich vor, im neuen Jahr abzunehmen.

Essen ist eigentlich eine Energieaufnahme. Die physikalische Einheit für Energie ist Joule (J) oder veraltet, aber immer noch weit verbreitet, die Kalorie oder kcal. Eine Kalorie oder kcal entspricht 4,18 kJ. Ich werde im Buch nur kcal verwenden, da die meisten von uns an diese Einheit gewohnt sind. Die Nahrungsmittel haben einen unterschiedlichen Energiegehalt: 1 g Fett enthält 9 kcal, 1 g reiner Alkohol enthält 7 kcal, 1 g Kohlenhydrate enthält 4 kcal und 1 g Eiweiß enthält 4 kcal. Die Weltgesundheitsorganisation empfiehlt, 55 % der Energie aus Kohlenhydraten zu decken. Fett sollte nicht mehr als 30 bis 35 % der Nahrung ausmachen. Am Schluss liegt Eiweiß mit einem empfohlenen Anteil von 10 bis 15 %. Je nach Körpergewicht und Arbeit benötigen wir unterschiedliche Energiemengen. Auch wenn wir nur herumliegen und gar nichts tun, benötigt der Körper Energie. Das Herz pumpt Blut, die Lunge atmet, die Verdauungsorgane arbeiten, das Gehirn denkt und wacht über die Körpertemperatur, die konstant bleiben muss. Dieser Grundumsatz im Zustand körperlicher Ruhe hängt in erster Linie vom Körpergewicht und der Muskelmasse des Menschen ab. Die meisten Buchautoren erwähnen die Umgebungstemperatur nicht. Im Normalfall befinden sich die Menschen in Wohnungen, aber draußen in der Kälte steigt der Grundumsatz, weil der Körper zusätzliche Wärme produzieren muss.

Sobald wir aufstehen und uns zu bewegen beginnen, steigt der Energieumsatz. Schon ein gewöhnliches Spazieren verbraucht je nach Körpergewicht und Tempo etwa 200 kcal pro Stunde. Beim Joggen verbraucht man abhängig vom Tempo 300 bis 600 kcal pro Stunde. Im Internet und diversen Büchern finden Sie ausführliche Tabellen über den Kalorienverbrauch diverser Tätigkeiten und Sportarten. Leider wird in den wenigsten Publikationen die Lufttemperatur erwähnt oder es wird sogar behauptet, dass diese unwichtig ist. Die Expeditionsteilnehmer in der Antarktis haben viel Gewicht verloren, weil sie Tag und Nacht der Kälte ausgesetzt waren.

In wohlhabenden Ländern sind die Nahrungsmittel ständig verfügbar. Die Kühlschränke zu Hause sind voll und geht man durch die Innenstädte, kann man aus einem großen Angebot an Esswaren auswählen. Viele Menschen essen deshalb zu viel und haben nie Hunger. Bevor sich dieser einstellen kann, haben sie schon einen Schokoriegel oder eine Currywurst verdrückt. Die Energiedichte der aufgenommenen Nahrung ist oft zu hoch. Die meisten Menschen essen zu viel Fett und Zucker. Schokolade hat in 100 g eine Energie von etwa 500 kcal gespeichert. Die gleiche Menge Kopfsalat liefert nur eine Energie von 12 kcal. Es gibt Ernährungswissenschaftler, die eine durchschnittliche Energiedichte der Nahrung von 100 bis 150 kcal pro 100 g empfehlen.

In den meisten Diätbüchern wird der Konsum von zu viel Zucker und Fett erwähnt. Menschen, die zu viel Eiweiß essen, sind offenbar selten. (Manchmal verwenden die Autoren den Begriff Eiweiß, dann wieder Protein.) In den Nährwerttabellen werden die Inhalte eines Lebensmittels in Kohlenhydrate, Fett und Eiweiß unterteilt. Ein großer Teil der Bevölkerung isst zu viel Fett und Kohlenhydrate und zu wenig Eiweiß. Es ist auch nicht einfach, den Proteinbedarf zu decken. Wichtige Eiweißquellen sind Fleisch, Fisch, Milchprodukte und Eier. Tierisches Protein ist wertvoller, da es in der Zusammensetzung dem Körpereiweiß des Menschen ähnlicher ist als das pflanzliche Eiweiß. Das Eiweiß erzielt die am längsten dauernde Sättigung.

Eine nicht zu unterschätzende Energieaufnahme geschieht durch Alkohol. Am Oktoberfest in München dürfte Bier der wichtigste Energielieferant sein. Dass 1 l Bier die Energie von etwa 400 kcal liefert, dürfte den meisten Festbesuchern egal sein, denn sie wollen fröhlich sein. Das wollen die Weintrinker auch sein und vergessen gern, dass 1 dl Wein 60 bis 90 kcal enthält. Um diese Tatsache zu vergessen, trinkt man noch einen großen Whisky, und schon hat man weitere 100 kcal zu sich genommen. Alkoholische Getränke sollte man aus energetischer Sicht als Nahrungsmittel betrachten. In größeren Mengen über längere Zeit genossen hat Alkohol neben dem Übergewicht auch noch ein Suchtpotential.

Die Deutsche Gesellschaft für Ernährung empfiehlt, täglich eine Menge von 30 g Ballaststoffen zu sich zu nehmen. In der Praxis ist es schwer, diese Menge zu bestimmen – wer zählt schon die Inhaltstoffe aller Nahrungsmittel zusammen. Die Ballaststoffe sind in pflanzlicher Nahrung enthalten. Da sie nur unvollständig verdaut werden können, sind sie gute Sattmacher. Am meisten Ballaststoffe sind in Vollkornprodukten, Obst und Gemüse enthalten.

Die Nahrungsmittelindustrie lässt sich allerlei einfallen, um ihren Umsatz zu steigern. In ihren Produkten wimmelt es von Zusatzstoffen, die uns dazu verleiten sollen, immer mehr zu essen. Bei der Nahrungsmanipulation werden aus Kostengründen Ersatzstoffe verwendet, um die Konkurrenz preislich zu unterbieten. Die Lebensmittelchemiker ersinnen ständig neue Geschmacksrichtungen, die dann in allen Medien beworben werden. Die Giganten der Lebensmittelindustrie verfügen über riesige Werbebudgets. Die Einführung der fettfreien Produkte hat das Übergewicht der Menschen nicht wegzaubern können, aber dafür waren die Aktionäre der Lebensmittelzauberer zufrieden. Auch künstliche Süßstoffe haben die Menschenmassen nicht schlank gemacht. Die Firmen der Nahrungsmittelindustrie sind nun mal gewinnorientiert und es gilt die Maxime: Wachstum über alles.

Seit 1972 wird Fructose (HFCS high fructose corn syrup) relativ günstig aus Mais gewonnen. Fructose hat eine hohe Süßkraft und wird daher in vielen Softdrinks und Lebensmitteln verwendet. Wegen der intensiven Süße kann die Lebensmittelindustrie weniger Ausgangsmaterial verwenden und somit Kosten sparen. Wenn man sich mit verarbeiteten Lebensmitteln ernährt, wird man ziemlich sicher auch zu viel Fructose konsumieren, was zu Übergewicht führen kann. Da Fructose billiger als herkömmlicher Zucker ist, wird sie wahrscheinlich noch lange Verwendung finden. Leider ist unser Körper in der Lage, aus Zucker das ungeliebte Körperfett herzustellen.

Welche Wunder die Nahrungsmittelindustrie vollbringt, kann man am Beispiel der Kartoffelchips sehen. Eine gekochte Kartoffel ist relativ geschmacklos, aber Kartoffelchips gibt es in vielen Geschmacksrichtungen. Eine rohe Kartoffel in Scheiben zu schneiden und in Öl zu backen, ist noch keine hohe Kochkunst. Die beginnt erst, wenn der Lebensmittelchemiker Aromastoffe und Geschmacksverstärker hinzufügt. Diese haben die Wirkung, dass viele Menschen eine große Tüte Kartoffelchips verschlingen, ohne aufzuhören, weil sie wie ein Süchtiger immer mehr von diesem Stoff haben wollen. 100 g Kartoffelchips haben einen Nährwert von etwa 500 kcal. Heute werden mit Kartoffelchips Milliarden umgesetzt. Hauptsache, die Umsatzzahlen der Firma stimmen, mit dem Übergewicht der Menschen können dann andere Firmen Profite machen.

Vor Jahrzehnten wurde das Fett in der Nahrung als Bösewicht gebrandmarkt. Es kam eine Unzahl von fettreduzierten Produkten auf den Markt, aber die Zahl der Übergewichtigen ist nicht gesunken. Da die fettarmen Light-Produkte nicht satt machen, essen viele Menschen einfach mehr davon. Das weggezauberte Fett in der Nahrung wird durch andere Stoffe ersetzt, die unsere Energiezufuhr erhöhen und damit auch die Gewichtszunahme ermöglichen. Solange die Nahrungsmittelindustrie mit Light-Produkten hohe Umsätze generiert und die Menschen den Versprechungen der Werbung glauben, wird man diese Produkte weiterhin in den Regalen finden.

Seit den 1950er Jahren gehört das Fast Food immer mehr zu unserer Ernährung, da man für das Warten und den Verzehr der Produkte wenig Zeit benötigt. Die Ernährung mit Fast Food ist oft fettreich und führt bei einseitiger Kost zu Übergewicht. Einige Fast-Food-Ketten bieten extragroße Portionen zu einem niedrigen Preis an, was viele sparsame Menschen zu einem Überkonsum animiert. Morgan Spurlock hat einen McDonald's-kritischen Film *Super Size Me* gedreht. Er hat sich 30 Tage lang bei McDonald's ernährt und hat dabei 12 kg zugenommen. Die schwedische Universität von Linköping hat nach dem Film ein ähnliches Experiment durchgeführt, bei dem 18 Probanden vier Wochen lang mehr als 6.000 kcal pro Tag zu sich nehmen mussten. Die Teilnehmer fühlten sich durch den erhöhten Stoffwechsel ständig voll, fettig und verschwitzt. Sie nahmen im Durchschnitt 10 % des Körpergewichts zu. Nach der Studie verloren die Versuchspersonen das angefressene Übergewicht. Im Kampf gegen Übergewicht wollte die Stadt New York große Becher für gesüßte Getränke verbieten. Die erlaubte Maximalgröße der Getränkebecher wäre 16 Unzen gewesen, was etwas weniger als einem halben Liter entspricht. Ein Richter hat diese Regelung kurz vor Inkrafttreten gestoppt. Es ist auch fraglich, ob so eine Regelung alle Übergewichtigen schlank gemacht hätte. Es war nämlich nicht verboten, ein zweites Mal anzustehen, um ein weiteres kleines Getränk zu holen.

Für die Nahrungsmittelwerbung werden jedes Jahr Milliarden ausgegeben. Würde man sich nur mit Produkten ernähren, die im Fernsehen beworben werden, könnte man genauso gut Fett und Zucker essen und dazu noch einige Wunderjoghurts, die gut für die Verdauung sind. Werbespots, in denen für Gemüse oder Obst geworben wird, sind eher selten. Die Fernsehwerbung zielt oft auf Kinder ab und will ihnen die zuckersüßen Snacks und Getränke andrehen. Die Eltern kämpfen dann im Supermarkt mit dem Nachwuchs, der dann ebendiese Produkte in den Einkaufswagen schmeißt.

Robert Scott und andere Antarktis-Schlittenzieher wären froh gewesen um fettiges Junkfood und um zuckerhaltige Softdrinks. Mit der schweren Arbeit in der Kälte hätten sie die zugeführten Kalorien problemlos verwertet, ohne zuzunehmen. Leider ernähren sich viele Menschen wie Antarktisforscher, verbringen ihr Leben aber im klimatisierten Büro oder einer geheizten Wohnung und Sport kennen sie nur von der Sportschau. Die Folge davon zeigt sich bei vielen Mitmenschen in einem erhöhten Körpergewicht.

Das Übergewicht

Vielleicht haben Sie den Film *Meaning of life* (Der Sinn des Lebens) von Monty Python gesehen. In einer Szene kommt ein sehr dicker Mann in ein Nobelrestaurant, isst sich durch die Speisekarte, kotzt dabei in diverse Eimer und explodiert nach dem Verzehr eines Minzplätzchens. Stark übergewichtige Menschen sind oft eine Zielscheibe für Spott und Häme und in vielen Filmen werden sie als unattraktive Deppen dargestellt. Schon als Kinder werden sie auf dem Pausenplatz gemobbt und finden später nicht so leicht eine gutbezahlte Stelle wie ein Normalgewichtiger. In der Werbebranche werden meistens unterernährte Models gebucht und bei Misswahlen gewinnt nie eine übergewichtige Frau. Wissenschaftler verwenden meistens Zahlenmaterial, um Vergleiche anzustellen oder Kategorien zu bilden. Aus diesem Grund wurde der BMI (Body-Mass-Index oder auf Deutsch Körper-Masse-Index) eingeführt. Man berechnet den BMI, indem man das Körpergewicht in kg durch die Körperlänge in m im Quadrat teilt. Bei einer Körperlänge von 1,72 m beträgt das Quadrat 2,96 m^2. Eine Person mit dieser Größe und einem Gewicht von 86 kg hätte einen BMI von 29 (86 geteilt durch 2,96). Die Einheit des BMI ist Kilogramm durch Quadratmeter, aber weil das verwirrend ist, können Sie diese für den Alltagsgebrauch auch weglassen. Mit dem BMI lässt sich für einen großen Teil der Bevölkerung das Übergewicht gut zahlenmäßig ausdrücken. Der BMI hat bei Sportlern wenig Aussagekraft, da diese viel Muskelmasse besitzen. Man hat einige BMI-Richtwerte eingeführt. Bei einem BMI unter 18,5 spricht man von Untergewicht. Ein BMI von 18,5 bis 24,9 entspricht dem Normalgewicht. Bei einem

BMI von 25 bis 29,9 redet man von einem Übergewicht. BMI-Werte über 30 bezeichnet man als Adipositas und ab hier steigt die Erkrankungswahrscheinlichkeit.

Weil man mit dem BMI allein nicht ganz zufrieden war, hat man den WHR (waist-hip-ratio) oder THV (Taille-Hüft-Verhältnis) eingeführt. Man misst den Bauchumfang und teilt diesen durch den Hüftumfang. Bei Männern sollte dieser Wert kleiner als 1 und bei Frauen kleiner als 0,85 sein. Ein hoher Wert bedeutet, dass sich viel Fett im Bauchraum angesammelt hat, und das erhöht das Risiko für Kreislauferkrankungen. Daneben gibt es noch den einfachsten Indikator, indem man den Bauchumfang misst. Ist dieser bei Männern höher als 94 cm und bei Frauen höher als 80 cm, wird das als erhöhtes Risiko für Herzkrankheiten und Diabetes angesehen. Man darf hier nicht verschweigen, dass auch stark untergewichtige Menschen ein erhöhtes Sterberisiko haben.

Heute wird das Übergewicht weiter Bevölkerungskreise beklagt und als eine Bedrohung für das Gesundheitswesen angesehen. Dicksein ist nicht nur ungesund, es ist auch im Alltag anstrengend und schränkt das Leben ein. Viele Menschen bleiben schlank, obwohl sie im gleichen Umfeld leben wie die Übergewichtigen. Es gibt offenbar eine genetische Disposition für Übergewicht. Hier kann man wieder einwenden, dass in den USA vor dem Zweiten Weltkrieg nur ein geringer Bevölkerungsteil stark übergewichtig war. Die Gene ändern sich aber nicht in zwei Generationen – es müssen in erster Linie diverse Umweltfaktoren sein, die das Übergewicht verursachen.

Was hat sich alles in den letzten 70 Jahren verändert? Heute herrscht in vielen Ländern Europas, den USA und einigen anderen wohlhabenden Ländern ein Nahrungsmittelüberfluss. Die Zusammensetzung der Nahrung hat sich ebenfalls verändert. Die Menschen essen mehr Fast Food, und diese Ernährung weist eine hohe Energiedichte auf. Die meisten Menschen üben heute eine sitzende Tätigkeit aus. Autos, Lifte und Rolltreppen nehmen uns die körperliche Arbeit ab. Ein weiterer Faktor, der selten erwähnt wird, sind die geheizten Wohnungen und klimatisierten Büros. Früher wurde in einer Wohnung nur ein Raum geheizt, in den anderen war es kühl. In einem kalten Raum muss der Körper mehr Wärme produzieren, und kann so weniger Fettreserven bilden. Die Menschen leben heute die meiste Zeit in einem angenehmen, künstlichen Klima, aber viele essen, als ob sie in der Antarktis einen Schlitten ziehen würden.

Wenn man Tierfilme genauer anschaut, dann stellt man fest, dass es in der Natur keine übergewichtigen Antilopen und auch keine Löwen gibt, die an Adipositas leiden. Ein starkes Übergewicht wäre für eine Antilope das sichere Todesurteil – sie könnte den Löwen nicht davonrennen. Ein übergewichtiger Löwe könnte keine Antilope mehr erjagen und er würde darum abnehmen, bis er wieder schlank und schnell genug ist, um Tiere zu erbeuten. Offenbar gibt es in der Natur einen Regelmechanismus, der bei heutigen Menschen nicht mehr existiert. Ein übergewichtiger Mensch kann die Hälfte seines Einkommens verfuttern und adipös werden, ohne befürchten zu müssen, dass er von einem Raubtier gefressen wird.

Da unsere nächsten Vorfahren während der letzten Eiszeit in Höhlen und nicht in gut geheizten Wohnungen überleben mussten, waren sie auf energiereiche Nahrung wie Fett angewiesen, um genug Körperwärme zu produzieren. Diese

Vorliebe für energiereiche Nahrung dürfte heute noch in unseren Genen stecken. Die Kinder zieht es im Supermarkt nicht zum Kopfsalat, sondern zu energiereichen Snacks. Die Erwachsenen essen vor dem Fernsehgerät lieber kalorienreiche Kartoffelchips als einen Apfel und ein energiereiches Malzbier schmeckt besser als Leitungswasser.

Neben der genetischen Disposition, übergewichtig zu werden, gibt es noch psychologische Mechanismen, die zu einem hohen Körpergewicht führen. Eigentlich ist physikalisch und chemisch gesehen die Ernährung eine Energieaufnahme, damit die Organe funktionieren, dabei Körperwärme erzeugen und wir somit am Leben bleiben. Viele Mütter beruhigen oder belohnen ihre Kinder mit Nahrung. Dieses einmal eingeprägte Muster – Nahrung erzeugt Befriedigung – bleibt ein Leben lang erhalten. Wenn Essen Spaß macht und das wichtigste Vergnügen im Leben darstellt, muss man sich nicht wundern, dass viele Menschen übergewichtig sind. Wenn Stress und Langeweile mit Nahrungsmitteln bekämpft werden, sollte man sich nicht über die Zahl wundern, die die Waage anzeigt.

Es gibt Menschen, die bei Stress mehrere Cheeseburger oder Tortenstücke verdrücken. Andere bekämpfen die Langeweile mit riesigen Essensportionen. Beide Kompensationsmechanismen haben eine verheerende Wirkung, denn Übergewicht erzeugt Stress und behindert die Mobilität, was wiederum die Langeweile steigert. Da Nahrung konstant verfügbar ist und nicht gesucht oder gejagt werden muss, besteht ein konstanter Energieüberschuss, den der Körper zwangsläufig in Fett umwandelt. Da Übergewichtige rasch zu schwitzen beginnen, meiden sie körperliche Aktivitäten an frischer Luft und sitzen darum lieber vor dem Fernseher oder dem Computer und von da ist es nicht weit zum Kühlschrank und das Gewichtsproblem dreht sich im Kreis. Unsere Vorfahren haben mit Holz geheizt. Dazu musste ein Baum gefällt werden, was körperliche Arbeit erforderte. Später wurde Kohle gefördert und man musste die Kohle in die Wohnung hinaufschleppen. Meistens wurden die Wohnungen auch nicht so stark beheizt wie heute. Als das spottbillige Erdöl die Kohle ersetzt hat, wurden in den Häusern Zentralheizungen installiert. Diese haben uns vom Kohleschleppen befreit und man konnte alle Räume heizen. Das war die Geburtsstunde des zweiten großen Umweltfaktors neben Fast Food, der die Menschen übergewichtig gemacht hat. Nun hat sich der Mensch im Winterhalbjahr ein angenehm warmes Klima in den Wohnungen geschaffen. Musste früher ein Teil der Nahrung für das Erzeugen der konstanten Körpertemperatur verbraucht werden, war das in einer warmen Wohnung nicht mehr nötig. Die Energie des Erdöls ist über die Wohnungswärme indirekt in Körperfett umgewandelt worden. Als dann die Klimaanlagen eine weite Verbreitung gefunden haben, mussten die übergewichtigen Menschen im Sommer nicht mehr schwitzen und ihren Kreislauf belasten, was eine weitere Gewichtszunahme bewirkt hat.

Man sieht selten einen stark übergewichtigen Läufer an einem Marathon. Der Grund ist nicht nur, dass ein Übergewichtiger mehr Körpermasse bewegen muss. Durch die isolierende Fettschicht unter der Haut erhöht sich beim Laufen die Körpertemperatur stark und damit steigt auch die Schweißproduktion, was wiederum den Kreislauf belastet. Bei Marathonläufern steigt die Körpertemperatur auf 38 bis 39 °C. Bei einem übergewichtigen Läufer würde sie noch höher ansteigen und damit zu einem Kreislaufkollaps führen. Die isolierende Wirkung des Körperfetts verunmöglicht hohe sportliche Leistungen. Das überschüssige Fett muss nicht nur ständig geschleppt werden, es stört auch die Wärmeregulation. Aus diesen Gründen meidet der Übergewichtige körperliche Aktivitäten und bleibt so in der Fettfalle stecken.

Man sagt den schlanken Menschen nach, sie seien bessere Futterverwerter. Eigentlich müsste man sagen, dass sie bessere Wärmeabstrahler sind. Der Schlanke hat kein dickes Unterhautfettgewebe und verliert deshalb die Körperwärme leichter als ein Mensch mit einer dicken Fettschicht. Da der Schlanke mehr Nahrungsmittel für die Erzeugung der Körpertemperatur verbraucht, bleibt er auch schlank. Hat man sich erst einmal eine Isolierschicht aus Körperfett angefuttert, verliert man die Wärme weniger gut. Hier kommt es zu einem sich selbst verstärkenden Verhalten. Weil durch die Fettschicht eine körperliche Aktivität unangenehm ist, bewegt man sich noch weniger und nimmt weiter zu und dann meidet man die Bewegung umso mehr. Dicke Menschen sind nicht bessere Futterverwerter, sondern wegen ihrer Fettschicht schlechtere Wärmeverlierer. Der Körper steuert die Energieaufnahme über Hunger und Sättigung. Viele übergewichtige Menschen haben nie Hunger. Bevor sich dieser überhaupt einstellen kann, haben sie schon etwas gefuttert. Viele essen ein Mittagessen, nicht weil sie Hunger haben, sondern weil es Mittag ist und die anderen auch in die Kantine gehen. Dort wird dann eine üppige Mahlzeit eingenommen, obwohl man wenig körperliche Arbeit geleistet hat. Ich habe bei übergewichtigen Menschen beobachtet, dass sie in einem wahnwitzigen Tempo jeden noch so vollen Teller leer essen. Sie lassen nie etwas auf dem Teller stehen, als ob sie nie satt werden oder kein Sättigungsgefühl hätten.

Auf Zigarettenschachteln wird vor dem Rauchen gewarnt. Auf einem Sessel vor dem Fernseher müsste man auch eine Warnung anbringen: „Sitzen vor dem Fernsehgerät kann dick machen." Die größten Dickmacher sind das Sofa und der TV in der warmen Stube. Ist dann der volle Kühlschrank nicht weit, dann haben wir eine perfekte Mast-Station: genug Nahrung, ideale Temperatur und wenig Bewegung. Jeder Schweinezüchter würde bestätigen, dass seine Tiere so am schnellsten an Gewicht zulegen. Da sich die Menschen in der gut geheizten Wohnung vor dem Fernsehgerät besser fühlen als draußen in der Kälte, bleibt ihnen das Übergewicht erhalten. Die körperliche Inaktivität und das ständige Flimmern des Fernsehgeräts können zu Schlaflosigkeit führen und da begeben sich viele in der Nacht zum Kühlschrank, um sich zu trösten und werden die überflüssigen Pfunde erst recht nicht los.

Heute ist die Nahrung konstant verfügbar. Dabei werden Speisen und Getränke mit einer hohen Energiedichte bevorzugt. Steigt aber der Energiegehalt der Nahrung, so steigt auch die Wahrscheinlichkeit, eine Adipositas zu entwickeln. Ein weiteres Problem ist, dass das Fett billiger ist als Obst. Wer sich günstig ernähren will, wird zu energiereichen Nahrungsmitteln greifen. Verbringt man die Freizeit vor dem Computer, wird die zugeführte Energiemenge nicht verbraucht. Bevor ich mein Studium aufgenommen habe, bin ich mit dem Fahrrad von der Südschweiz nach Sizilien gefahren. Jeden Abend habe ich Spaghetti und Schnitzel gegessen und Rotwein getrunken, ohne dabei an Gewicht zuzulegen. Energiereiche Ernährung hat nur bei körperlicher Betätigung keine Folgen für das Übergewicht.

Vor Jahrzehnten wurde das Fett als Dickmacher gebrandmarkt. Heute sind die Kohlenhydrate der Sündenbock für das Übergewicht. Wenn man das Fett und die Kohlenhydrate von seinem Speiseplan streicht, kann man sich nur noch mit Eiweiß ernähren. Die Aussage „Kohlenhydrate machen dick" ist so stark vereinfacht, dass sie eigentlich unsinnig ist. Es ist die Überdosis an Kohlenhydraten, die dick macht. Bei Medikamenten muss man auf die richtige Dosierung achten. Ein Medikament, das in richtiger Dosierung hilfreich ist, kann in Überdosis eingenommen tödliche Folgen haben. Unser Körper braucht Fette und Kohlenhydrate, um richtig funktionieren zu können. Erst die falsche Dosierung führt zu Übergewicht.

In einem Restaurant bekommen alle die gleichen Portionen. Eigentlich müsste der Kellner die Gäste fragen, wie schwer sie sind, um ihren Grundumsatz zu berechnen, und was sie in den letzten Stunden gemacht haben, um den gesamten Kalorienbedarf zu kennen. Eine leichte Person, die im Büro arbeitet, müsste eine kleinere Portion bekommen als ein großer Mensch, der eine körperlich anstrengende Arbeit ausübt. Da dies kein Kellner macht, müssen Sie selber Ihren Bedarf an Energieaufnahme schätzen. Im Restaurant denkt man eher an Genuss als an kontrollierte Energieaufnahme und so bestellt man oft Speisen, die zu Übergewicht führen. Meistens geht man nicht allein ins Restaurant und in Gesellschaft isst man mehr, als eigentlich zur Energieaufnahme benötigt wird.

Gäste zum Essen einladen ist eine schöne Freizeitbeschäftigung, führt aber über die Jahre bei etlichen Menschen zu einem Übergewicht. Wer eine genetische Disposition zu Fettbildung hat und zudem nicht über die psychische Kraft verfügt, die Nahrungsaufnahme zu kontrollieren, wird an solchen Abenden seine Fettzellen in Hochstimmung versetzen. Man beginnt den Abend mit Salzgebäck und einem Drink, dann werden zum Essen noch einige Flaschen Wein entkorkt, was die Energieaufnahme zusätzlich erhöht.

Für viele Bewerber ist der Traum, Flugbegleiter zu werden, schon beim Ausfüllen des Bewerbungsformulars zu Ende. Die Fluglinien verlangen von den Kandidaten z. B. eine Mindestgröße. Beim Körpergewicht schreiben sie zwar keine konkrete Zahl, sondern reden lieber von *gepflegter Erscheinung*. Das Idealgewicht dürfte hier bei einem BMI von 20 bis 25 liegen. Da ich noch keine Flugbegleiter mit einem BMI von 42 gesehen habe, wird man diese Kandidaten schon vorher mit anderen Begründungen als dem Übergewicht aussortieren. Bei etlichen anderen Berufen wie Feuerwehrmann oder Polizist wird das Übergewicht zwar nicht explizit erwähnt, aber ein adipöser Bewerber wird bei physischen Tests keine guten Leistungen erbringen. Das Körpergewicht kann das Leben mehr einschränken als manchem lieb ist.

In vielen Büchern wird die soziale Stigmatisierung der Übergewichtigen beklagt. Es wird aber nicht erwähnt, dass es Situationen gibt, in denen sich ein Normalgewichtiger in Gegenwart eines stark übergewichtigen Menschen unwohl fühlt. Im Flugzeug, Opernhaus oder Theater sind die Sitze ziemlich eng und wenn dann das eigene Platzbedürfnis durch einen dicken Sitznachbarn leidet, stirbt die Toleranz einen raschen Tod. Fühlt sich der Schlanke seines Lebensraumes beraubt, schränkt das sein Wohlbefinden ein und tief in seinem Inneren wird er negative Gefühle entwickeln.

Kommt einem ein anderer Mensch zu nahe, wird zudem die eigene Wärmeregulation gestört. Ein menschlicher Körper muss Wärme abstrahlen können, die in den Organen beim Stoffwechsel produziert wird. Durch die große und warme Körpermasse eines übergewichtigen Menschen in unmittelbarer Nähe wird die eigene Wärmeabstrahlung gestört und löst Stressreaktionen aus. Wenn Sie Ihr Gewicht reduzieren, tun Sie nicht nur sich selber einen Gefallen, sondern auch Ihren Mitmenschen.

Die Gewichtsreduktion durch Kälte und Höhe

Die meisten Diätbücher konzentrieren sich in erster Linie auf die Ernährung und nebenbei wird noch erwähnt, dass man sich bewegen sollte. In vielen Büchern wird behauptet, dass man mit körperlicher Arbeit gar nicht groß abnehmen kann. Wie die Beispiele im ersten Teil des Buches zeigen, ist es möglich, mit körperlicher Arbeit in der Kälte viele Kilos loszuwerden. Es kommt eben darauf an, wo man sich befindet und wie lange die körperliche Belastung dauert. Das Klima auf dem antarktischen Hochplateau strapaziert den menschlichen Körper mit drei Faktoren:

1. **Kälte**. Die Expeditionsteilnehmer sind Tag und Nacht der Kälte ausgesetzt. Die wärmste auf dem Südpol gemessene Temperatur beträgt −13 °C. Die Durchschnittstemperatur im antarktischen Sommer beträgt fast −30 °C.

2. **Luftdruck**. Das Hochplateau liegt auf etwa 3.000 m ü. M. Der niedrige Luftdruck belastet den Kreislauf und das Herz.

3. **Trockenheit**. Die relative Feuchte ist auf dem Hochplateau sehr niedrig und es droht Austrocknung, was den Organismus zusätzlich belastet.

Ich möchte Ihnen nachfolgend die Möglichkeiten aufzeigen, wie man von den Erfahrungen der Antarktisexpeditionen im Alltag profitieren kann, um das Gewicht zu reduzieren. Leider findet man solche oder ähnliche klimatische Verhältnisse nur in wenigen Regionen der Welt. Da es sehr teuer und zeitraubend ist, auf dem antarktischen Hochplateau zu reisen, muss man die Erfahrungen der Südpol-Schlittenzieher an seinen Alltag und seine Umgebung anpassen. In mittleren Breiten sind die Winter zwar nicht so kalt wie in der Antarktis, aber für eine Gewichtsreduktion sollte die Kälte ausreichen. Übergewichtige Menschen meiden Bewegung, weil sie schnell überhitzen und zu schwitzen beginnen. In der kühlen Jahreszeit ist diese körperliche Erwärmung besser in den Griff zu bekommen.

Die Teilnehmer der Antarktisexpeditionen haben einen schwer beladenen Schlitten gezogen, was eine ziemlich harte Arbeit ist. Leider kann man diese Tätigkeit nicht in unseren Alltag einbauen, darum muss man auch hier Kompromisse machen und wird darum nicht so extreme Gewichtsverluste erleben. Die einfachste Methode der Gewichtsreduktion würde darin bestehen, möglichst lange in der Kälte spazieren zu gehen. Sie können sich natürlich auch für Jogging oder Walking mit Stöcken entscheiden. Der Vorteil des Spazierens ist, dass Sie sich nicht umziehen müssen und bei richtigem Tempo nicht schwitzen werden. Die Eskimos vermeiden es um jeden Preis bei tiefen Temperaturen zu schwitzen, denn wenn der Schweiß an der äußeren Kleidung gefriert, wird es ziemlich ungemütlich. Sie können die Körperwärme über die Geschwindigkeit regulieren, mit der Sie spazieren. Wenn Sie frieren, steigern Sie das Tempo, wenn Sie Wärme spüren, reduzieren Sie das Tempo.

Amundsen hat sich auf seiner Antarktisexpedition wie ein Eskimo gekleidet. Seine Absicht war nicht, Gewicht zu verlieren, sondern den Südpol zu erreichen. Wenn Sie sich zu warm anziehen, werden Sie nach zehn Minuten zu schwitzen beginnen und dann verleidet Ihnen das Unterfangen. Es ist eine hohe Kunst, was man bei welcher Temperatur anziehen soll, damit man sich auch nach einer Stunde draußen in der Kälte wohl fühlt. Man kann keine allgemeingültigen Ratschläge zum Anziehen geben, denn die Wärmeabstrahlung hängt nicht nur von der Kleidung, sondern auch von der Dicke der Fettschicht unter der Haut ab. Am besten beginnen Sie mit kurzen Spaziergängen und sammeln am Anfang Erfahrungen über das Wärmeempfinden und Ihre Kondition.

Falls Sie berufstätig sind und eine genug lange Mittagspause haben, können Sie diese in der kühlen Jahreszeit für einen Spaziergang nutzen. Anstatt in der warmen Kantine eine fettige Mahlzeit zu essen, gehen Sie raus in die Kälte und essen unterwegs einen Apfel und eine Banane. Sie können sich eine einfache Regel merken: Essen von energiereichen Speisen in der Wärme ist nicht gut für die Figur. In einem warmen Raum muss Ihr Körper keine Energie für Wärmeproduktion aufwenden. Suchen Sie die Kälte, so oft es geht. Wenn Sie auf den Bus warten und frösteln, müssen Sie nicht auf den Winter schimpfen, sondern können froh sein, dass Ihr Körper Energie verbraucht. Wenn Sie sich aufwärmen wollen, dann bewegen Sie sich einfach, denn Muskeln dienen nicht nur der Fortbewegung, sondern sind auch Wärmemaschinen.

Unseren Vorfahren hatten in der Höhle weder Heizung noch Warmwasser und haben trotzdem überlebt. Wir haben die Kälte aus unserem Alltag verbannt. Unser Körper weiß, dass Kälte Energie verbraucht und im Extremfall tödlich sein kann, darum meidet er diese instinktiv. Falls Sie im Winter in Ihrer Wohnung eine angenehme Temperatur haben, dann sollten Sie wissen, dass dies auch bedeutet, dass Ihr Körper am wenigsten Energie verbraucht. Wir haben in unserem Körper einen Thermostaten eingebaut und wenn die Temperatur zu niedrig ist, beginnen wir zu frieren. Die Antarktisforscher hatten in ihrem Zelt oft die gleiche Temperatur wie sie draußen geherrscht hat. Auch wenn sie im warmen Schlafsack gelegen sind, haben sie über die Atmung Wärme und Wasserdampf verloren. Darum wäre eine weitere Empfehlung, die Heizung in Ihrer Wohnung zurückzudrehen. Wenn Sie vor dem Fernseher die Kälte leicht spüren, können Sie sich durch körperliche Aktivität aufwärmen. Stehen Sie auf, machen Sie einige Schritte an Ort oder bewegen die Arme und schon produzieren die Muskeln Wärme.

Der moderne Mensch erlebt die Winterkälte nur für eine kurze Zeit. Am Morgen verlässt er seine gut geheizte Wohnung, fährt mit dem Lift in die Tiefgarage, steigt in sein Auto ein und schon läuft die Heizung. Im Büro ist es auch angenehm warm und in der Kantine sowieso. Der Körper staunt und weiß nicht, was er mit dem üppigen Mittagessen machen soll und so speichert er es in Form von Fett für die kalten Tage, die nie kommen. Die Wochenenden verbringt der Durchschnittsbürger in der warmen Stube, und der einzige Muskel, von dem er reichlich Gebrauch macht, ist der des Daumens, mit dem er sich durch die vielen Programme zappt. Irgendwann befällt ihn die Langeweile und dann isst er etwas, um diese zu verscheuchen. Wenn Ihr Leben auch so abläuft und Sie übergewichtig sind, dann können Sie das ändern. Einer der möglichen Schritte wäre, die Heizung im Auto so einzustellen, dass Sie den Winter leicht spüren. Damit zwingen Sie den Körper, die Wärme selber zu produzieren, und das kann er nur, indem er Energie aufwendet, die er aus der Nahrung bekommt. Statt sich an Winterwochenenden auf dem Sofa zu wälzen, gehen Sie möglichst lange an die Kälte und bewegen sich, damit die Muskeln aus der Nahrung Wärme produzieren.

Jeden Frühling berichten die Zeitschriften über eine neue Wunderdiät, mit der man dem Winterspeck zu Leibe rückt. Die Frühlingsdiäten müssten nicht sein, wenn man sich im Winter richtig verhält. Statt vor der Winterkälte zu fliehen, sollten Sie diese zum Abnehmen nützen. Wenn ich an kalten Abenden spazieren gehe, begegne ich nur wenigen Menschen, dafür sehe ich viele beleuchtete Fenster, und dahinter sitzen die Kältevermeider vor dem Fernsehgerät. Der Winter ist die Jahreszeit, die Sie von nun an mit anderen Augen sehen sollten. Statt Winterspeck in der warmen Wohnung anzulegen, sollten Sie die Kälte nutzen, um Fett zu verbrennen. Sie können einen Abend mit Freunden verbringen, wo man in der warmen Wohnung zu viel isst und trinkt, oder an die Kälte gehen und sich bewegen. So werden Sie an so einem Abend einige Gramm Gewicht verlieren statt zuzunehmen, und wenn Sie das in den nächsten Wintern immer wieder tun, werden Sie langfristig abnehmen.

Neben der Kälte strapaziert das antarktische Hochplateau die Expeditionsteilnehmer mit seiner Höhe von etwa 3.000 m ü. M. Mit zunehmender Höhe nimmt der Luftdruck ab und dadurch sinkt der Sauerstoffpartialdruck in der Atemluft. Dieser Sauerstoffmangel führt zu einer höheren Belastung des Kreislaufs und damit zu Gewichtsverlust. Falls man diesen zweiten Faktor der Antarktis-Diät in sein Programm einbauen will, muss man in die Berge fahren. Statt den Sommerurlaub am Meer zu verbringen, wo man sich vorwiegend im Sand wälzt und sich dreimal am Tag am Buffet den Bauch vollschlägt, könnte man zur Abwechslung die Bergwelt genießen. Falls man noch nie Ferien in den

Bergen verbracht hat, sollte beachtet werden, dass man einige Tage zur Akklimatisation braucht. Für die ersten Tage sind leichtere Spaziergänge empfohlen und erst dann sollte man in die Höhe steigen. Falls Sie stark übergewichtig sind, fragen Sie Ihren Arzt, ob der Aufenthalt in der Höhe für Sie geeignet ist.

Viele Menschen mögen die Kälte gar nicht. Es ist verständlich, denn sie bedeutet Lebensgefahr. Die Kälte hat aber auch gute Seiten, denn sie hilft uns, das überschüssige Körperfett zu verbrennen. Ich habe im Sommer kalt geduscht, um mich an die Kälte zu gewöhnen und sie als Verbündeten im Kampf gegen das Übergewicht zu akzeptieren. Als dann die kalte Jahreszeit kam, habe ich versucht möglichst viel Zeit draußen zu verbringen. Falls ich keine Zeit für einen längeren Spaziergang hatte, bin ich für zehn Minuten auf den Balkon gegangen und habe mich so abzuhärten versucht. Gehen Sie aber nicht verschwitzt in die Kälte und machen Sie keine ungewohnten Übungen, denn das könnte mit einem Hexenschuss oder einer Erkältung bestraft werden. Das können Sie in Ihr Kältetraining einbauen: Statt in der Werbepause zum Kühlschrank zu gehen, um ein Bier zu holen, begeben Sie sich auf den Balkon. Wenn man Körperwärme verlieren will, muss man die Kälte spüren. Falls Sie sich so dick einpacken, dass Sie es schön warm haben, bleibt der Kälteeffekt aus. Bei sehr tiefen Temperaturen besteht die Gefahr von Erfrierungen und Sie müssen deshalb Ihre Hände, Ohren und das Gesicht schützen. Wenn Sie Schmerzen verspüren, sollten Sie wieder an die Wärme gehen. Wenn Zellen gefrieren, wird ihre Struktur durch Eiskristalle zerstört. Frostbeulen können auch bei Temperaturen über dem Gefrierpunkt entstehen, wenn das Gewebe zu stark abgekühlt wird.

Unterschätzen Sie die Wirkung des Spazierens nicht. Gehen ist eine olympische Disziplin mit eigenen Regeln über den Bodenkontakt der Füße und die Kniestreckung. Bei den Männern finden Wettbewerbe über 20 und 50 km statt, bei den Frauen nur über 20 km. Die schnellsten Männer gehen dabei mit einer Geschwindigkeit von 15 km/h und die Frauen fast mit 14 km/h. Sie können bei Ihrem Aufenthalt in der Kälte das Tempo so bestimmen, dass Sie sich wohl fühlen. Mit einem hohen Tempo werden Sie mehr Kalorien verbrennen, aber Ihre Körpertemperatur wird dabei steigen und Sie geraten außer Atem und beginnen zu schwitzen. Sie sollten auf keinen Fall bei Glatteis oder in einem Schneesturm spazieren gehen. Bei schneebedeckten Straßen ist das Sturzrisiko erhöht, darum sollten Sie gutes Schuhwerk anziehen oder warten, bis die Straßen und Wetterverhältnisse besser werden.

Ich habe Ihnen vorgeschlagen, im Winter in die Kälte rauszugehen und sich körperlich zu betätigen. Sie können das natürlich in allen Jahreszeiten tun, aber vor allem ein heißer Sommer stellt für viele Übergewichtige ein Problem dar, da sie schnell zu schwitzen beginnen und sogar einen Hitzekollaps erleiden können. In der heißen Jahreszeit müsste man die körperlichen Aktivitäten wie Spazieren oder Joggen auf den frühen Morgen beschränken. Hingegen bietet der Sommer die Möglichkeit zum Schwimmen. Um der Hitze zu entgehen, ist eine Reise in die Berge hervorragend geeignet. Zudem ist die Luft in der Höhe dünner und trockener, was den Gewichtsverlust positiv beeinflusst.

Es gibt Physiotherapiezentren, die über eine Kältekammer verfügen. In dieser überdimensionierten Kühlbox herrscht eine Temperatur von −80 bis −110 °C. Man geht hinein in

Badekleidung und bleibt für drei Minuten der extremen Kälte ausgesetzt. Um die Extremitäten und die Lunge vor Erfrierungen zu schützen, trägt man zusätzlich Handschuhe, Turnschuhe, ein Stirnband und einen Mundschutz. Durch den großen Temperaturunterschied von über 100 °C, der zwischen der Umkleidekabine und der Kältekammer herrscht, bekommt der Körper einen Kälteschock und das Blut zieht sich in den Bauchraum zurück. Nach drei Minuten beträgt die Hauttemperatur nur noch 15 °C. Wer gesundheitliche Probleme hat, sollte sich zuerst ärztlich untersuchen lassen, bevor er sich dieser Kälte aussetzt. Wenn man ein Buch über die Kälte schreibt, dann sollte man eine Kältekammer selber erlebt haben und so habe ich den Versuch gewagt. Das Display hat −88 °C angezeigt, bevor die Türe aufging und ich in die Kälte hineintrat. Für einige Sekunden sah ich nur den Nebel, der sich bildet, wenn warme Luft der Umkleidekabine in der großen Kälte kondensiert. Bald haben sich an den Körperhaaren Schneekristalle gebildet. In der dritten Minute spürte ich leichte Schmerzen an Körperstellen, wo die isolierende Fettschicht dünn ist. Nach der Behandlung habe ich mich leicht und beschwingt gefühlt, aber leider ist die Behandlung nicht ganz billig, sonst wäre ich Dauergast in der Kältekammer.

Setzen Sie sich keine unrealistischen Ziele in Ihrem Plan, abzunehmen. Eine extreme Gewichtsabnahme werden Sie nur auf dem antarktischen Hochplateau erzielen, wo sie 24 Stunden am Tag der Kälte und der dünnen Luft ausgesetzt sind. In unseren Breiten wäre ein realistisches Ziel, in einem Winter 5 bis 7 kg abzunehmen. Machen Sie sich Ihre eigene kleine Antarktis. Drehen Sie die Heizkörper-Temperaturregler in der Wohnung auf ein Minimum zurück.

Heizen Sie im Winter im Auto nur ganz wenig, damit die Scheiben nicht beschlagen. Nehmen Sie sich vor, jede Woche einige Stunden in der Kälte zu verbringen. Spaziergänge von einer Stunde Dauer sind schon ausreichend. Mit Jogging verbraucht man zwar doppelt so viele Kalorien in der gleichen Zeit wie mit Spazieren, aber man muss sich dazu umziehen und die Verletzungsgefahr ist größer. Sie können die Sportart wählen, die Ihnen zusagt, Hauptsache, Ihre Muskeln erzeugen Wärme.

Die Gewichtsreduktion durch Ernährungsumstellung

Die Antarktis-Expeditionsteilnehmer haben auf dem Hochplateau viel Gewicht verloren, obwohl sie energiereiche Nahrung mitgeführt haben. Hätten sie vorwiegend energiearme Nahrungsmittel wie Gurken, Äpfel oder Magerquark mitgenommen, wäre der Schlitten etwa 1 t schwer gewesen und es ist fraglich, ob sie dann diesen überhaupt vom Fleck bekommen hätten. Viele Menschen ernähren sich wie die Polarforscher, obwohl sie in einem warmen Büro arbeiten. Darum sollte neben dem Aufenthalt in der Kälte die zweite Umstellung stattfinden, wenn Sie Gewicht verlieren wollen. Ernähren Sie sich mit energieärmeren Nahrungsmitteln, die Ihrem Lebensstil angepasst sind. Viele Diätbücher sind ein Sammelsurium endloser Regeln und oft werden diverse Nahrungsmittel verboten. Die übergewichtigen Leser versuchen mit so einer strikten Diät abzunehmen, aber nach einigen Wochen verleidet ihnen diese Tortur. Versuchen Sie darum eine energieärmere Ernährung zusammenzustellen, die Ihnen schmeckt und die Sie für den Rest Ihres Lebens durchhalten können.

Auf dem Hochplateau der Antarktis hat es keine Flüsse und Seen. Die Expeditionsteilnehmer mussten Brennmaterial mitnehmen, um Schnee zu schmelzen. Sie haben ihren Durst mit Wasser und Suppe gelöscht, da sie aus Gewichtsgründen keine Energy-Drinks auf den Schlitten laden konnten. Wenn Sie nicht mehrere Stunden mit harter Arbeit in der Kälte verbracht haben, dann gibt es auch keinen Grund, ein energiehaltiges Getränk zum Durstlöschen zu verwenden. Zuckerhaltige Getränke sollten als Nahrungsmittel betrachtet werden. Falls Sie zu einem Essen nicht auf so ein Getränk verzichten möchten, so machen Sie wenigstens einen Kompromiss: Stellen Sie ein großes Glas Wasser auf den Tisch und ein kleines mit Ihrem Lieblingsgetränk. Das Wasser dient der physiologischen Notwendigkeit der Flüssigkeitsaufnahme und das gesüßte Getränk dem Genuss.

Amundsen und Scott haben auf ihrem Weg Depots angelegt, da sie für eine so lange Reise nicht die gesamte Nahrung mitnehmen konnten. Sie mussten auch diszipliniert sein und am Tag nur so viel essen, wie es vorher berechnet wurde. Hätten sie bei einer Hungerattacke alles gegessen, was auf dem Schlitten war, wären sie irgendwann ohne Nahrung dagestanden. Scott hat den Fehler gemacht, die Depots nicht groß genug und zu weit weg vom Südpol zu errichten, was alle Expeditionsteilnehmer das Leben gekostet hat. Die meisten Übergewichtigen haben ein anderes Problem: Die Nahrungsmitteldepots in der Küche und im Kühlschrank sind zu groß. Wenn ich ein Vorratslager mit Pralinenschachteln und Schokolade in der Wohnung hätte, würde dieses so rasch verschwinden wie Schnee an der Sonne. Darum habe ich in mein Einkaufsritual den Montag als Schokoladetag bestimmt. Eine einzige Tafel Schokolade kommt in den Einkaufskorb und die muss für die ganze Woche reichen.

Abnehmen kann ein jahrelanger Kampf gegen die Pfunde sein. Manchmal helfen die kleinen Schritte weiter, auch wenn man die Wirkung nicht sofort bemerkt. Viele Menschen haben im Winterhalbjahr Lust auf heiße Tees oder Suppen. Unser Körper kennt viele Tricks, wie er uns dazu bringt, Energie in Form von Nahrung zuzuführen. Mit einer heißen Suppe bekommt der Organismus Kalorien und Wärme, und beides steigert das Körpergewicht. Wenn Sie statt einer Suppe Salat essen, muss der Körper selber die Wärme produzieren und das kann er nur, indem er die Nahrung oder die Fettzellen in Wärme umwandelt. Wenn Sie im Winter draußen in der Kälte über einen Markt schlendern und Lust auf einen Glühwein haben, dann wissen Sie, dass es einer dieser Energiespartricks des Körpers ist. Mit dem Glühwein bekommt der Körper Zucker, Alkohol und Wärme geliefert und daraus macht der hinterlistige Kerl unser Körperfett. Tricksen Sie ihn aus und bestellen Sie ein kühles Mineralwasser.

Wenn Sie sich vornehmen abzunehmen, dann ist das ein zu allgemein definierter Wunsch. Setzen Sie sich lieber konkrete Ziele wie: Ich esse jeden Tag eine Frucht. Es sollten Vorsätze und Änderungen in Ihrem Leben sein, die Sie jahrelang befolgen können. Die meisten Diäten scheitern nach wenigen Wochen, weil sie zu kompliziert sind und das Leben der Übergewichtigen auf den Kopf stellen. Wenn Sie sich z. B. vornehmen, im Restaurant zum Essen zuerst ein Mineralwasser und dann das Bier zu bestellen, ist dies bis ans Lebensende machbar. Der Vorsatz, nie mehr im Leben Bier zu trinken, scheitert oft nach einigen Wochen oder Monaten. Im Leben muss man sehr oft Kompromisse machen. Wenn Sie Ihren Alkoholkonsum einschränken, indem Sie den Durst mit einem Mineralwasser löschen und das Bier und den Wein als genussbringende Beilage betrachten, werden Sie im Laufe der Jahre viele Kalorien einsparen. Haben Sie schon von einer Maschine gehört, bei der man oben Wein, Bier oder Cola reinschüttet und unten Fett herauskommt? Der menschliche Körper ist so eine Wundermaschine, nur dass das Fett an den Hüften, am Bauch und unter der Haut erhalten bleibt.

Denken Sie langfristig. Amundsen hat sich noch in Norwegen auf seine Polarreise vorbereitet, dann hat er nach einer langen Schiffsreise einige Depots in der Antarktis eingerichtet, hat dort in der Polarnacht überwintert und hat sich erst im nächsten Sommer auf den Weg zum Südpol gemacht, von wo er nach 99 Reisetagen in der Kälte zurückgekehrt ist. Heutige Menschen haben keine Zeit für solche Unterfangen und darum versprechen viele Diätbücher, man könne mit ihrer Methode in einer kurzen Zeit mühelos abnehmen. Die Methoden erfordern aber eine komplette Lebensumstellung und die Übergewichtigen quälen sich mit seltsamen Shakes und exotischen Mahlzeiten und geben nach einigen Wochen die Diät auf. Wenn ich Ihnen eine Zwiebel-Diät empfehle, bei der Sie zum Frühstück eine rohe Zwiebel, zum Mittagessen eine Zwiebelsuppe und zum Abendessen eine gedämpfte Zwiebel essen müssen, dann werden Sie nach einer Woche von allen Freunden gemieden und nach zwei Wochen haben Sie zwar abgenommen, aber Sie werden diese Zwiebelqual abbrechen und wieder so essen wie vorher, und bald haben Sie das Gewicht erreicht, das Sie vor der Diät hatten.

Die Nahrungsmittel in Gut und Böse einzuteilen ist Unsinn, außer bei giftigen Pilzen oder verdorbenem Essen. Eine Wurst hat zwar viele Kalorien pro Gewicht, ist also energiereich, aber es ist die Menge, die schädlich für das Körpergewicht ist. Wenn Sie jeden Tag nur 100 g Wurst essen und sonst nichts anderes, werden Sie garantiert abnehmen – und schon ist eine neue Diät entstanden: Abnehmen mit Wurst! In diversen Büchern und im Internet finden Sie Kalorienangaben zu allen möglichen Nahrungsmitteln. Wenn Sie sich vorwiegend mit Nahrungsmitteln ernähren, die eine hohe Kalorienzahl pro 100 g haben, dann ist es nur dann kein Problem, wenn Sie jeden Tag körperlich schwer arbeiten. Sollten Sie aber eine sitzende Tätigkeit ausüben, müssten Sie die Energiedichte Ihrer Mahlzeiten reduzieren. Statt die Wurst mit Brot zu essen, können Sie ein drittes energiearmes Produkt wie eine Tomate oder eine Gurke hinzunehmen. Wenn Sie dafür weniger Wurst essen, werden Sie langfristig mehr Erfolg haben, als zu versuchen nie mehr eine Wurst zu essen.

Die Steinzeitmenschen haben einen großen Teil ihrer Lebenszeit damit verbracht, etwas Essbares zu finden oder zu jagen. Ich glaube nicht, dass sie drei Mahlzeiten am Tag zu sich genommen haben, wie es viele heutige Menschen tun. Fand man einen Baum mit saftigen Früchten, hat man sich den Bauch vollgeschlagen und zog dann weiter. Keiner hat auf die Uhr geschaut, ob jetzt Essenszeit war. Der moderne Mensch frühstückt nach dem Aufstehen, arbeitet in einem Großraumbüro, nimmt sein Mittagessen in der Kantine ein, arbeitet dann weiter und am Abend isst er wieder. Diese Einteilung in drei Mahlzeiten pro Tag ist für die heutige Arbeitswelt von Vorteil, aber sie ist nicht unbedingt natürlich. Wenn Sie lieber fünfmal am Tag essen, dann sollten es kleinere Portionen sein. Leider bekommt in der Kantine jeder gleich viel auf den Teller, und viele getrauen sich nicht Essen stehen zu lassen. Lieber essen sie alles auf und der Körper macht dann daraus Fett.

Etwas vom Schwersten im Leben ist, das eigene Verhalten zu ändern. Wer über Jahre Frust und Langeweile mit Nahrungsmitteln bekämpft hat, wird es schwer haben, sich zu ändern, aber es ist machbar. Sie können mit dem ersten Vorsatz beginnen: Frust-Spazieren statt Frust-Essen. Man liest in vielen Diätbüchern über Menschen, die sich am Arbeitsplatz ärgern und am Abend darum sieben Hamburger verdrücken. Dadurch nimmt das Körpergewicht zu und man wird noch mehr frustriert und isst noch mehr, um sich zu trösten. Kaufen Sie sich bequeme Schuhe und geben Sie denen den Namen Frust-Schuhe. Jedes Mal wenn Sie frustriert sind, ziehen Sie diese Schuhe an und machen sich auf den Weg, dem Frust zu entkommen.

Der Sessel vor dem Fernseher ist so ziemlich der letzte Ort auf diesem Planeten, wo Sie abnehmen werden. Millionen von Menschen verbringen drei und mehr Stunden täglich vor dem TV-Gerät und viele davon sind übergewichtig. Falls Sie viel Zeit mit Fernsehen und Internet verbringen, aber gerne abnehmen möchten, dann müssen Sie den Hebel hier ansetzen, denn jedes Gerät lässt sich ausschalten. Sie können mit sich selber einen Vertrag machen und sich den Fernsehkonsum mit körperlicher Betätigung abverdienen. Für eine Stunde Spazieren in der Kälte können Sie sich zwei Stunden Fernsehen oder Internet gutschreiben. Wenn Sie weniger Zeit vor dem Bildschirm verbringen, werden Sie auch besser schlafen.

Elvis Presley hat im Laufe seines Lebens stark zugenommen. Eine seiner Lieblingsspeisen war ein Sandwich mit Erdnussbutter und Bananen, manchmal zusätzlich mit einigen Scheiben gebratenem Speck noch energiereicher gemacht. Diese Kalorienbombe wäre eigentlich eine gute Ernährung für einen Antarktisforscher. Da Elvis die vielen Kalorien nicht mit schwerer körperlicher Arbeit in extremer Kälte in Muskelarbeit und Wärme umwandeln konnte, hat sein Körper daraus Fett produziert. Wenn man meint, dass man die persönlichen Probleme mit fettreicher Nahrung lösen kann, dann sollte der Fall von Elvis zeigen, dass man sich eigentlich nur noch ein zusätzliches Problem schafft, nämlich das Übergewicht.

Menschen, die wegen einer Diät längere Zeit Hunger haben, bekommen oft Essattacken und Heißhungeranfälle, wobei sie dann den gesamten Kühlschrankinhalt aufessen. Man kann auch abnehmen, ohne ständig Hunger zu haben. Sie werden zwar nicht so schnell Gewicht verlieren, aber es ist weniger qualvoll und längerfristig erfolgreicher. Viele Übergewichtige haben nie Hunger und wenn sie dann ständig Hunger haben, sind sie damit überfordert. Die Antarktisforscher haben auch wegen Nahrungsmittelmangel gelitten, aber es gab keinen überfüllten Kühlschrank in der Nähe. Sie waren beschäftigt mit Schlittenziehen, Zeltaufstellen und Schneeschmelzen, um trinken zu können, und so konnten sie sich eher ablenken. In der Antarktis hat man es auch einfacher als zu Hause. Hier gibt es Bäckereien und Imbissbuden und mit einem knurrenden Magen daran vorbeizugehen ist schwer. Sie können sich vornehmen, am Anfang den Hunger nur für eine kurze Zeit und nur an bestimmten Tagen zu spüren. Das Hungergefühl sollte nie so groß werden, dass Sie die Kontrolle über das Essen verlieren.

Wärme und Kälte können die meisten Menschen gut beurteilen. Sie empfinden je nach Dicke der Fettschicht einen bestimmten Temperaturbereich als angenehm und jede Abweichung davon als eine Belästigung des Wohlbefindens. Beim Hungergefühl und der Sättigung haben viele Menschen Probleme, diese genau zu bestimmen. Man hat bei einem Experiment einen Suppenteller am Tisch fixiert und ihn unten unsichtbar mit einem Schlauch verbunden. Während die Probanden aßen, wurde über diesen Schlauch Suppe nachgefüllt, womit der Teller nie leer wurde. Die meisten Teilnehmer haben mehr Suppe gegessen als aus einem normalen Teller. Die Köche in den meisten Restaurants versuchen, die Gäste mit großen Portionen zu begeistern und so an sich zu binden. Wer vor einem halbvollen Teller sitzt und eigentlich schon satt ist, merkt es vielleicht gar nicht oder erst zu spät. Auf jeden Fall merkt er es nach jahrelangen Restaurantbesuchen, wenn die Waage seltsame dreistellige Zahlen zeigt. Das Sättigungsgefühl stellt sich eher ein, wenn man langsam isst.

Die Lebensmittelchemiker haben ihre Produkte so optimiert, dass wir immer weiter essen und nicht merken, wann wir damit aufhören sollten. Die Psychologen haben herausgefunden, dass die Menschen Mühe haben, eine zur Hälfte gegessene Tüte auf die Seite zu legen. Mit den Tricks der Geschmacksfindung und der Verhaltenspsychologie sind zwar die Umsätze der Nahrungsmittelindustrie gestiegen, aber auch das Körpergewicht der Bevölkerung. Ein Manager oder Aktionär wird aber an den Gewinnen der Firma beteiligt und wird nicht bestraft, wenn Millionen von Menschen übergewichtig sind. Kaufen Sie keine großen Packungen, auch wenn diese pro Gewichtseinheit billiger sind. Sie werden das eingesparte Geld Jahre später für Diätprodukte und Bücher zum Abnehmen ausgeben müssen.

Viele Diätbücher sind im Grunde genommen nur Kochbücher und alles dreht sich nur um Ernährung. Bei der Wirkungsweise der Gewichtsreduktion auf dem Hochplateau der Antarktis muss man sich ein Gerät mit vier Reglern vorstellen: Nahrungsaufnahme, Arbeit, Kälte, Höhe über Meer und Luftfeuchtigkeit. Der Regler der Nahrungsaufnahme ist durch das Gewicht des Schlittens limitiert und die anderen drei stehen etwa beim Maximum des Erträglichen. Die meisten Diätbücher kümmern sich nur um den Regler der Ernährung und versprechen, dass man mit ihren Rezepten und ausgewählten Nahrungsmitteln mühelos abnimmt. Wenn das so einfach ist, warum plagen sich Millionen von Menschen immer noch mit Übergewicht herum? Das überschüssige Fett wird man auch in der Antarktis nur mit schwerer Arbeit in der Kälte und der Höhe los. Mühelos verdient man hingegen sein Geld, wenn man mit schönen Bildern von fertigen Menüs die Menschen darüber täuscht, wie schwer die Gewichtsreduktion in Wirklichkeit ist.

Falls Sie keine Zeit für körperliche Betätigung in der Kälte haben, aber jeden Tag einige Stunden mit Einkaufen und Kochen verbringen, dann sollten Sie hier die Prioritäten anders setzen. Bei übergewichtigen Menschen dreht sich vieles um Nahrung. Ich finde es aus psychologischen Gründen falsch, sich ständig mit dem Essen zu befassen, und darum sollte man in erster Linie Zeit für körperliche Aktivitäten finden und diese nicht mit Einkaufen und Kochen verschwenden. Wenn der Aufwand für die Essensvorbereitung so groß ist, dass Sie nach dem Essen erschöpft ins Sofa vor dem Fernsehgerät sinken und sich nicht aufraffen können, etwas zu unternehmen, dann sollten Sie einige Tage in der Woche aufs Kochen verzichten.

Ich möchte Ihnen einige Vorschläge machen, wie Sie sich zeitsparend ernähren können, damit Sie mehr Zeit in der Kälte verbringen können: Eine Gurke schälen, in dünne Scheiben schneiden und in einem Teller mit einer Portion Magerquark vermischen. Nach Belieben würzen und mit einem Stück Vollkornbrot genießen. Eiweißreiches Trockenfleisch, eine Tomate und ein Stück dunkles Brot – das sollte für ein Abendessen reichen. Eine Banane oder einen Apfel in Stücke schneiden und mit einem Joghurt vermischen und fertig ist die Mahlzeit. In Apotheken sind Shakes erhältlich, die viele Vitamine und Mineralstoffe enthalten und eine Mahlzeit ersetzen können. Man sollte sich nicht mit Shakes über eine längere Zeit ernähren, aber um Zeit zu sparen, können Sie damit einmal pro Woche ein Abendessen ersetzen. Ein Shake ist im Nu vorbereitet und getrunken und jetzt haben Sie Zeit, um eine kleine Expedition in der Kälte zu unternehmen, um den Fettzellen zu zeigen, wo der Hammer hängt.

Die Steinzeitmenschen kannten wahrscheinlich nur den Honig und einige Früchte, die süß schmecken. Die industrielle Zuckerproduktion aus Zuckerrüben ist etwa 200 Jahre alt. In der Geschichte des Menschen hat der Zucker eigentlich nie eine solche Rolle gespielt wie heute. Unsere frühen Vorfahren mussten nicht der Versuchung von Torten oder gesüßten Getränken widerstehen. Zudem aßen sie Fleisch von wilden Tieren und dieses ist nicht so fettreich wie unser hochgezüchtetes Schlachtvieh. Statt mit einer Kalorientabelle durch den Supermarkt zu gehen, können Sie sich daran halten, was die Menschen der Frühzeit vorwiegend gegessen hätten. Ich möchte Ihnen keine Verbote erteilen, sondern empfehlen, die Ernährung den eigenen Lebensumständen anzupassen. Zucker ist ein Energielieferant und stand bei Robert Scott auf dem Speiseplan, aber seine Ration war zu klein für die anstrengende Arbeit in der Kälte. Unser Zuckerkonsum ist zu hoch für das Herumsitzen in der Wärme. Die meisten Ärzte empfehlen ihren übergewichtigen Patienten Krafttraining zu betreiben, um die Muskelmasse zu erhöhen. Die Muskeln verbrauchen mehr Kalorien als das

Körperfett. Falls sich in Ihrer Nähe kein Fitnesscenter befindet, können Sie sich mit einer Gymnastikmatte, einem Satz Hanteln und einem Stepp-Brett behelfen. Es gibt diverse Bücher und Internetseiten, wo man Informationen erhält, wie man mit diesen Geräten üben sollte. Mit Übungen zu Hause wird man zwar kein Krafttraining in einem Fitnesscenter ersetzen können, aber zur Kraftsteigerung und zum Kalorienverbrennen ist es immer noch besser, als vor dem Fernseher zu sitzen. Falls Sie im Winter durchfroren von einem Spaziergang nach Hause kommen, machen Sie sich nicht eine Tasse heiße Schokolade, sondern wärmen Sie sich mit diesen Geräten auf. Versuchen Sie, wo es immer geht, die Körperwärme mit Muskelarbeit zu erhöhen und nicht mit heißen Getränken. Ihre Fettzellen sind da anderer Meinung, aber denen wollen Sie ja an den Kragen.

Es gibt Diätbücher, in denen behauptet wird, dass man langfristig gar nicht abnehmen kann, weil der Körper sein Gewicht verteidigt. Der Körper setzt eindeutige Prioritäten und verteidigt in erster Linie seine Temperatur. Viele Antarktisreisende haben erfahren, dass der Körper keine Rücksicht auf Fettzellen nimmt und diese abbaut, um seine Temperatur in dieser extremen Kälte zu halten. In einer Haushalt-Tiefkühltruhe beträgt die empfohlene Temperatur −18 °C. Auf dem Hochplateau der Antarktis ist es die meiste Zeit noch kälter und die Expeditionsteilnehmer schlafen in Zelten. Wenn die Körpertemperatur zu stark absinkt, droht Lebensgefahr und darum hüten die inneren Organe und das Gehirn die Wärme, und man friert an den Händen und Füßen. Unsere Temperaturregulation ist ziemlich grausam. Eher werden wir uns Erfrierungen holen, als dass der Körper den inneren Organen Wärme entzieht.

In diesem Kampf um Körperwärme sitzen die Fettzellen am kürzeren Hebel.

In einigen Büchern wird empfohlen, sich am Ende eines Diättages mit einer Praline zu belohnen. Ich finde solche Ratschläge aus psychologischen Gründen ziemlich daneben. Man sollte sich nicht mit Essen belohnen, denn das zentrale Problem vieler Übergewichtiger ist, dass sie vorwiegend im Essen Befriedigung finden. Belohnen Sie sich auf eine andere Art: Machen Sie einen Ausflug, gehen Sie ins Kino oder kaufen Sie einen Satz Hanteln. Essen sollte der Nahrungsaufnahme dienen, damit der Körper überlebt. Suchen Sie sich ein Hobby, das Ihnen Freude und Abwechslung im Leben bietet. Kaufen Sie sich einen Fotoapparat und fotografieren Sie alle Dörfer und Hügel in Ihrer Umgebung. Verdrängen Sie das Essen aus dem Zentrum des Lebens auf einen Nebenplatz all Ihrer Tätigkeiten und Interessen.

Neben Diäten hat in den letzten Jahren die Chirurgie eine wichtige Rolle bei der Gewichtsreduktion übernommen. Nach Leitlinien der Deutschen Gesellschaft für Adipositas ist eine Operation ab BMI 40 angeraten. Das starke Übergewicht ist ein Gesundheitsrisiko, aber der chirurgische Eingriff ist auch risikobehaftet. Je nach Operationsart und Chirurg sterben 0,1 bis 1 % der Patienten an den Folgen der Operation und bei etlichen Magenoperationen kommt es zu Komplikationen. Wenn ich die Wahl hätte zwischen Schlittenziehen auf dem antarktischen Hochplateau oder Operationstisch, würde ich mich für das Frieren entscheiden. Das Leben ist voller Risiken. Man hat festgestellt, dass während wichtiger Fußballspiele die Zahl der Herzinfarkte steigt. Die schlanken Models sterben auch eines Tages. Es bleibt Ihnen überlassen, was Sie mit Ihrem Leben anstellen.

Jeder Mensch reagiert anders auf Diäten und darum möchte ich noch etwas zur Normalverteilung sagen. Wenn man die Körperlänge von 900 zufällig ausgewählten erwachsenen Menschen misst, wird man Folgendes feststellen: Nur wenige Menschen sind sehr klein oder sehr groß. Die meisten Menschen werden eine mittlere Größe aufweisen. Die grafische Darstellung dieser Messung sieht aus wie eine flache Glocke mit einem Buckel in der Mitte und spitz zulaufenden Rändern. Wenn sich 900 übergewichtige Menschen einer identischen Diät unterziehen, werden einige Teilnehmer 1 bis 3 kg abnehmen und wenige werden 11 bis 14 kg abnehmen. Die meisten Teilnehmer wird man in der Mitte zwischen diesen Extremwerten finden. Wenn Ihnen ein Bekannter sagt, dass ihm eine spezielle Diät nichts gebracht hat, so hat das wenig Aussagekraft, da wir nicht wissen, wo sein Resultat in der Normalverteilung vorkommt. Die Vorhersage, wie eine Diät wirken wird, ist deshalb schwierig. Falls Sie an Untergewicht leiden und zunehmen möchten, sollten Sie sich umgekehrt zu einer Diät verhalten. Meiden Sie Kälte und Bewegung. Ziehen Sie sich warm an, damit Sie nie frieren. Trinken Sie warme Getränke, damit Ihr Körper nicht auch noch Wärme produzieren muss. Drehen Sie im Winter die Heizung auf, damit Sie es immer genug warm haben. Wenn Sie von großen Portionen ein Völlegefühl und Hitzewallungen bekommen, essen Sie viele kleine und energiereiche Mahlzeiten über den Tag verteilt. Die Tipps gelten natürlich nur für Menschen, die wirklich zunehmen möchten. Man redet von Magersucht bei einem BMI unter 17,5. Dieses Buch kann die Magersucht nicht heilen, da braucht es professionelle Hilfe.

Der Wille

In meinem Buch *Die Grünschwätzer* habe ich ein Kapitel zu diesem Thema geschrieben, wo ich Arthur Schopenhauer sinngemäß zitiere: „Der Mensch kann nicht wollen, was er will." Meistens ist uns nicht bewusst, dass wir nur genetische Programme ausführen. Die Pinguine in der Antarktis nehmen große Strapazen in Kauf, um ihren Nachwuchs großzuziehen, und ein ähnliches Programm läuft beim Menschen ab. Wir werden durch Hunger, Durst und andere Gefühle gesteuert. Wenn man Durst hat, dann kann noch so wollen, man wird dieses Gefühl nicht los, bis man getrunken hat. Warum ziehen die Hunde den Schlitten? Ist das ihr freier Wille? Warum wollte Amundsen zum Südpol? Wahrscheinlich wollte er berühmt werden, was ihm auch gelungen ist. Aber war es sein freier Wille, der ihn dazu gebracht hat, solche Mühen auf sich zu nehmen, oder nur ein genetisches Programm, welches den Sieger belohnt?
Die Reptilien brauchen eine externe Wärmequelle zur Temperaturregulation und dazu legen sie sich an die Sonne. Ein ähnliches Verhalten kann man beim Menschen beobachten. Am ersten schönen Wochenende nach einem kalten Winter gehen wir spazieren und suchen uns im Gartenrestaurant oder auf der Parkbank einen Platz an der Sonne. Die Tische und Bänke im Schatten bleiben leer. Dieses Verhalten geschieht nicht freiwillig, sondern wird von der Temperaturregulation unseres Körpers gesteuert. Ein halbes Jahr später kehrt sich alles wieder um. An einem sonnigen, heißen Sommertag suchen die Menschen im Gartenrestaurant einen Tisch, der im Schatten liegt. Die Sitzbänke im Park, die sich in der Sonne befinden, bleiben leer, dafür drängen

sich die Menschen auf den Parkbänken im Schatten. Auch hier werden wir von Körpersignalen gesteuert, die wissen, dass Kälte und Hitze nicht gut sind für unser Funktionieren. Wenn Menschen an einem kalten Wintertag spazieren gehen, haben sie meistens nach einer Stunde genug. Der Körper verliert zu viel Wärmeenergie und belästigt darum die Menschen mit einer laufenden Nase oder kalten Fingern. Da sucht man sich ein Plätzchen im Caféhaus und bestellt einen heißen Tee oder noch besser eine heiße Schokolade. Man könnte auch ein eisgekühltes Mineralwasser bestellen, aber der Körper weiß, was ihm guttut und unterdrückt solche Gedanken. Mit einem heißen Getränk spart sich unser Organismus die Energie, die es braucht, um einen durchfrorenen Körper aufzuwärmen. In der heißen Schokolade hat es dazu noch Fett und Zucker, um die an der Kälte verlorene Energie zu ersetzen. Wir sehen an diesem Beispiel, wie wir von der Körpertemperatur und vom Energiehaushalt gesteuert werden, denn dieser belohnt uns mit einem Wohlbefinden in der Wärme. Aber irgendwann ist die Tasse leer und dann heißt es wieder: „Brr, wieder raus in die Kälte."
Ein böser Witz könnte lauten: „Geht ein Übergewichtiger an einer Bäckerei vorbei." Der Witz ist hier fertig, weil die Übergewichtigen oft nicht vorbeigehen, sondern etwas zu futtern kaufen. Wie steht es hier mit dem freien Willen? Man muss wissen, dass auch eine einzelne Zelle einen Willen hat. Die Fettzellen wollen das Fett nicht hergeben, sondern erhalten. Wenn das Auge die Sahnetorte im Schaufenster der Bäckerei erspäht, dann geht diese Information an das Gehirn weiter und schon weiß das jede Fettzelle auch und meldet sich: „Auge, schau nochmals hin – Gehirn, sag ihm, er soll stehen bleiben – sag ihm, er soll hineingehen – be-

lohne ihn – hmm, das hat geschmeckt." Etwa so dürfte der Kampf zwischen den Fettzellen und uns ausgehen. Oft gerät dabei der freie Wille unter die Räder.

Wenn man im Telefonbuch oder Internet nach *Ernährungsberater* oder *Ernährungsberatung* sucht, dann wird man unzählige Einträge finden. Wenn sie nach dem Begriff *Willensberatung* suchen, dann werden Sie ziemlich sicher nichts finden. Die meisten Menschen wissen genug über Ernährung, ihnen fehlt aber der Wille, dieses Wissen umzusetzen. Wie soll man es anstellen, dass man eine Gurke mehr begehrt als Schokolade? Was soll man machen, dass man die Kälte mehr begehrt als die warme Stube? Solange die Erhaltung der Temperatur dem Körper wichtiger ist als unser Gewicht, werden wir einen schweren Stand haben, um abzunehmen. Es gibt die Redensart: „Wo ein Wille ist, da ist auch ein Weg." Etwas abgeändert könnte man sie auch so formulieren: „Wo kein Wille ist, da ist das Sofa vor dem Fernsehgerät." Und da diese beiden die größten Dickmacher sind, wäre es schön, wenn man irgendwo den Willen kaufen könnte, damit man aufsteht und in die Kälte rausgeht. Im Leben wäre alles viel einfacher, wenn man keinen Hunger hätte, wenn es nicht so kalt wäre und wenn die Torte nicht so gut schmecken würde.

Ist es unser freier Wille, dass wir die Schokolade mehr schätzen als Salat? Wir werden reguliert und oft macht das Leben mit uns, was es will, ohne dass wir es merken. Wie Sigmund Freud schon gesagt hat, sind wir nicht der Herr im eigenen Haus. Der Stoffwechsel des Körpers erzeugt ein Verlangen nach Essen und Trinken. Mit diesem Wissen können wir den Willen höchstens austricksen. Wenn Sie genug Wasser am Tag trinken, wird sich der Durst nicht melden und Sie werden so weniger Kalorien mit gesüßtem Mineralwasser zu sich nehmen. Wenn Sie reichlich Gurken und Tomaten essen, werden Sie weniger Hungergefühle entwickeln als mit einem leeren Magen. Wenn Sie ein Verlangen nach Salami oder Torte spüren, dann wissen Sie, dass es sich um eine Panikattacke der Fettzellen handelt. Wenn Sie übergewichtig sind, hat Ihr Körper eigentlich genug Reserven, um etliche Wochen zu überleben. Objektiv betrachtet ist es unverständlich, dass er so ein Theater veranstaltet und uns quält, damit wir wieder essen.

Was ein starker Wille bewirken kann, möchte ich am Beispiel der Opernsängerin Callas zeigen. Maria Callas wurde 1923 als Kind griechischer Einwanderer in New York geboren. Als sie im Alter von 13 Jahren mit ihrer Mutter und Schwester nach Athen ausgewandert ist, war sie nicht besonders dick. Sie wurde dort von der griechischen Verwandtschaft mit Essen verwöhnt und nahm stark zu. Im Krieg hat sie wieder abgenommen, da die Nahrungsmittelversorgung schwierig war. 1946 ging sie wieder in die USA zurück und nahm stark zu. Zeitweise wog sie bei einer Körpergröße von 1,73 über 100 kg. Im Alter von 29 Jahren beschloss sie abzunehmen. Bekannt ist ihr Gewichtsprotokoll, das sie während verschiedener Opernaufführungen von Dezember 1952 bis April 1954 geführt hat. Innerhalb von 16 Monaten hat sie 28 kg abgenommen. Wenn man die Fotografien der folgenden Jahre anschaut, hat sie nicht wieder zu ihrem alten Gewicht gefunden, im Gegensatz zu vielen Menschen, die einige Jahre nach der Diät ihr altes Körpergewicht erreichen.

Was hätten Sie geantwortet, wenn Sie zur Zeit Amundsens gelebt hätten und dieser mit folgender Frage an Sie herangetreten wäre: „Wir fahren zuerst mit einem Holzschiff durch das Packeis zur Antarktis. Wir bauen dort eine Hütte und in mehrwöchigen Schlittenfahrten errichten wir die Depots. Dann überwintern wir dort in der Kälte und Finsternis und im folgenden Sommer machen wir uns auf eine dreimonatige Reise zum Südpol und zurück. Unterwegs erschießen wir den Großteil der Hunde. Vielleicht stürzt einer von uns in eine Gletscherspalte oder stirbt an Erfrierungen. Willst du mitkommen?" Ich glaube, dass Sie dankend abgelehnt hätten. Amundsen wollte um jeden Preis den Südpol erreichen und hat dafür sein Leben riskiert und immense Strapazen in Kauf genommen. Die meisten von uns bleiben lieber in der warmen Stube, als sich in der Antarktis zu quälen.

Schlusswort

Wenn ich in der Buchhandlung auf dem Cover eines Reiseführers lesen würde, dass ich in nur drei Tagen von der Antarktisküste zum Südpol marschieren könnte, mühelos und ohne zu frieren, der Schlitten federleicht, keine Sastrugis im Weg, immer windstill und Sonnenschein, keine Schneestürme und das Zelt stellt sich von selber auf, dann würde ich nur lachen und das Buch ins Gestell zurücklegen. Viele Diätbücher versprechen leider das Blaue vom Himmel. Da verliert man mühelos und in kurzer Zeit die Pfunde mit leckeren Mahlzeiten, einfach so nebenbei und ohne zu hungern. Die Reisenden in der Antarktis haben Qualen gelitten, zwar nicht um abzunehmen, aber um den Südpol zu erreichen. Der Gewichtsverlust war ein eigentlich ungewollter Nebeneffekt.

Die Antarktis-Diät ist nicht eine dieser Zauber- oder Wunderdiäten. Sie müssen sich den Gewichtsverlust erarbeiten. Die klimatischen Verhältnisse auf dem antarktischen Hochplateau sind einzigartig und nur hier oder im Hochgebirge werden Sie in kurzer Zeit sehr viel Gewicht verlieren. In den mittleren Breiten mit vier Jahreszeiten werden Sie natürlich niemals diese Erfolge erzielen. Sie sollten die Gewichtsreduktion je nach Ihrem Übergewicht auf mehrere Winter verteilen. Mit Blitzdiäten kann man zwar schnell Gewicht verlieren, aber ist die Diät erst mal fertig, erreicht man auch schnell wieder das Ausgangsgewicht. Statt Winterspeck anzulegen, sollten Sie die kalte Jahreszeit nutzen, um diesen abzubauen. Eine vorübergehende Diät ist oft sinnlos, darum sollten Sie sich langfristige Ziele setzen und von nun an alle Winter zur Gewichtskontrolle nutzen.

Der Mensch fürchtet die Kälte instinktiv, da diese tödlich sein kann. Wenn man erst mal einige Kilos verloren hat, wird man den Winter mit anderen Augen sehen. Ein übergewichtiger Mensch, der im Sommer jede körperliche Anstrengung meidet, kann bei Temperaturen um den Gefrierpunkt viel mehr leisten, ohne zu schwitzen oder einen Hitzschlag befürchten zu müssen. Man wird jeden Kälteeinbruch willkommen heißen, denn nun ist die Zeit da, wo man Gewicht verlieren kann.

Ich habe im ersten Winter mit der Antarktis-Diät 7 kg abgenommen. Pro Woche habe ich etwa fünf bis acht Stunden draußen in der Kälte mit Spazieren und Fotografieren verbracht. Ich bin meistens mit einem normalen Tempo unterwegs gewesen und nach etwa einer halben Stunde habe ich genug Wärme mit Muskelkraft produziert, dass ich die Handschuhe ausgezogen oder die Jacke aufgemacht habe. Ich habe nur ab und zu Hunger gehabt, da ein ständiges Hungergefühl ein wichtiger Grund zum Abbruch von Diäten ist. Meinen Wein- und Bierkonsum habe ich etwas eingeschränkt, aber sonst gab es keine verbotenen Nahrungsmittel. Aus einem einzigen Datensatz kann man natürlich keine allgemeingültige Regel formulieren. Vielleicht werden Sie weniger oder auch mehr Gewicht verlieren. Falls Sie diese Zeilen an einem kalten Wintertag lesen, machen Sie das Buch zu, ziehen Sie sich an und gehen Sie raus in die Kälte, aber schauen Sie vorher nicht noch schnell im Internet, was Ihre 745 Freunde machen.